IL TEMPO DELLE CHIAVI

NICOLA RAO

IL TEMPO DELLE CHIAVI

L'omicidio Ramelli e la stagione dell'intolleranza

PIEMME

Pubblicato per

PIEMME

da Mondadori Libri S.p.A.

ISBN 978-88-566-9338-6

I Edizione ottobre 2024

Anno 2024-2025-2026 – Edizione 1 2 3 4 5 6 7 8 9 10

1
A Milano è guerra di strada

Basette lunghe.
Minigonne.
Zampe d'elefante.
Tv in bianco e nero.
Mina e Ornella.
Il Derby di Jannacci e di Cochi e Renato.
La via Gluck di Celentano.
Rivera e Mazzola.
E poi il fumo. Odore forte di fumo di sigaretta sempre e ovunque. Nei cinema, nelle sale, negli uffici, nei bar, nei ristoranti.
Una città tra fumo e nebbia.
Anzi, un universo tra fumo e nebbia.
Sì, perché la Milano dei primi anni Settanta è una galassia in cui convivono tanti mondi diversi, praticamente ignorandosi.
E ciascuno di questi mondi conduce una vita propria. Si alimenta di suoi riti, respira una sua aria, ha i suoi punti di riferimento, i suoi ritrovi. I bar, i cinema, le scuole.
Già, le scuole.
In questi anni ne stanno nascendo tante nuove.
Per molte, non c'è neanche un nome a cui intitolarle.
E così cominciano a numerarle. Terzo liceo scientifico, Quinto magistrale, Settimo istituto tecnico.

Ecco, il Settimo istituto tecnico.

Via don Giovanni Calabria, periferia nord-est, oltre Città Studi e anche oltre Lambrate. Zona di via Crescenzago: palazzoni di piccola borghesia, spesso appena arrivata dal Sud.

La scuola nasce nel 1966 come istituto tecnico industriale per periti meccanici ed elettrotecnici.

Nello stesso complesso (a separarli sono solo delle inferriate) c'è un altro istituto, che però un suo nome ce l'ha. Anche perché non è proprio un neonato, bensì la sede nuova di un istituto storico, nato addirittura nel 1940 e intitolato a Italo Balbo, ma dopo la Liberazione ribattezzato Istituto tecnico industriale «Ettore Molinari».

Alle spalle di questi grandi edifici scolastici c'è il mitico Parco Lambro. Che proprio in questi anni sta ospitando i festival di cultura giovanile. Delle piccole Woodstock, dove amore e canne liberi si mescolano ad artisti e cantanti emergenti e a un'umanità tanto varia quanto colorita.

Ma restiamo a questi due istituti «siamesi».

Perché non sono delle scuole qualsiasi.

In realtà il Settimo e il Molinari sono gli avamposti dell'antifascismo militante della città.

Le punte di lancia dell'assalto al cielo che la sinistra rivoluzionaria spera di sferrare da un momento all'altro.

Eh sì, perché la militanza politica è un altro dei *must* giovanili di questi anni in bianco e nero.

E la città ne è il cuore.

Del resto, da qualche anno tutti i più grandi e tragici fatti di violenza politica stanno accadendo proprio a Milano.

Gli scontri del '68 alla Statale.

La morte dell'agente Annarumma.

La strage di piazza Fontana.

Pinelli caduto dalla Questura.

L'assassinio del commissario Calabresi.
Il giovedì nero e l'uccisione dell'agente Marino.
La strage davanti alla Questura.
Ma non basta. Perché accanto a questi tragici fatti, è in corso, quasi ignorata da tutti, una guerra parallela.
Una guerra tra giovanissimi, che si combatte ogni giorno per strada e che ha come epicentro le scuole.

E allora torniamo al Settimo e al Molinari.
Qui i collettivi dell'ultrasinistra comandano alla grande.
I riferimenti politici sono i Katanga[1] del Movimento Studentesco e Avanguardia Operaia.[2] I due gruppi egemoni a sinistra del Pci, che stanno facendo il pieno tra i giovani.
Il primo soprattutto alla Statale, il secondo nelle facoltà scientifiche che si trovano a Città Studi – non lontano da qui – e in molte scuole di questa zona.
Il Movimento Studentesco non nasconde, anzi rivendica il proprio riferimento all'Unione Sovietica di Josif Stalin.
Le tre squadre dei katanghesi del suo servizio d'ordine si chiamano del resto «Stalin», «Lenin» e «Dimitrov».
Quelli di Ao, invece, si rifanno al nemico storico di Stalin: Lev Trotzky, ucciso nel 1940 in Messico a picconate in testa da un emissario stalinista.
Non è uno scherzo. Siamo nei primi anni Settanta e davvero a Milano i giovani di questi gruppi si stanno dividendo tra stalinisti e trotzkisti.

1 Katanga o katanghesi. Venivano chiamate così le squadre che componevano il servizio d'ordine del Movimento Studentesco della Statale di Milano, guidato dallo studente umbro fuori sede Mario Capanna. Il nome era stato mutuato, durante il '68, da quello che avevano gli studenti del Maggio francese, perché alla loro testa c'erano alcuni giovani che sostenevano di aver fatto i mercenari nella guerra del Katanga, regione del Congo belga, nei primi anni Sessanta.

2 Movimento a sinistra del Pci, di ispirazione trotzkista, fondato a Milano nel magma del Sessantotto cittadino, da operai della Sit-Siemens e di altre fabbriche, insieme ad alcuni fuoriusciti del Pci e da gruppi di studenti della Statale.

Ma cerchiamo di capirne qualcosa di più.

Il capo della squadra più numerosa e aggressiva dei Katanga, la «Stalin», si chiama Mario Martucci.

Oggi è un signore di 80 anni, simpatico ed espansivo, che mi incontra senza difficoltà dopo che gli ho chiesto, al telefono, di ricordare quegli anni. Ma se torniamo indietro nel tempo, tutti lo conoscono con un altro appellativo, quello di «Manina».

Perché i suoi palmi delle mani sono talmente grossi e forti da costituire di per sé una vera arma impropria. E «Manina» spesso ne ha fatto ricorso.

Allora sentiamo come Martucci-«Manina» spiega l'esaltazione del «piccolo padre»:

> È vero, non lo posso negare. Tra di noi c'era una grande ammirazione per Stalin e per l'Unione Sovietica, però non certo per il modello di società che i bolscevichi avevano instaurato, ma soltanto perché Stalin aveva sconfitto il nazismo. In noi c'era il mito della grande guerra patriottica, della guerra antifascista. Figuriamoci se potessimo tifare per le purghe o i gulag.[3]

Al di là delle motivazioni che porteranno il servizio d'ordine del Movimento Studentesco a identificarsi con la Russia sovietica, un fatto è certo: tra la fine del 1970 e l'inizio del 1971, i Katanga diventeranno una macchina da guerra.

Nel vero senso del termine.

Torniamo da Martucci:

> Il problema, dopo il '68, è che con le battaglie operaie dell'autunno '69 la tensione sale e i fascisti escono allo scoperto. A fine dicembre fanno la strage di piazza Fontana e parallelamente cominciano ad alzare la cresta nelle piazze e nelle scuole.

3 In un incontro con l'autore a Milano il 21 ottobre 2023.

Ci fu un episodio che determinò il salto di qualità nella violenza politica a Milano. Eravamo alla fine del 1970. C'era una biblioteca a Calvairate, che era stata oggetto di continui soprusi da parte dei fascisti. Alla fine questi compagni che la gestivano non ne potevano più e ci chiesero aiuto. Così decidemmo di dare una severa lezione a questi fascisti. Ci dotammo di un centinaio di caschi e facemmo un'operazione precisa, però di massa, per scoraggiare le incursioni squadristiche. E ci scontrammo duramente anche con la polizia. C'eravamo tutti dotati di mazzopicchi e facemmo piazza pulita di fascisti e poliziotti. Noi abbiamo sempre rifiutato l'uso delle armi da fuoco. Ai vecchi partigiani che venivano e ci proponevano di prestarci i loro ferrivecchi rispondevamo: anche no, grazie. Preferivamo dotarci di altri deterrenti.
Cosa sono i mazzopicchi? Una variante dei manganelli. Uno dei nostri, che poi è diventato un famoso designer, ebbe l'idea: costruiamo i mazzopicchi sul modello dei poliziotti inglesi, allacciati al polso. Li fabbricava lui, con cuoio e pallini all'interno. Alla fine, con un po' di fantasia qualcuno vi aggiunse anche dei pezzi di ferro, così per fare più male.[4]

Cerchiamo di mettere ordine e di capire cosa sta accadendo.

Dopo l'invasione della Cecoslovacchia nel 1968, da parte dei tank del Patto di Varsavia, a sinistra di molti partiti comunisti occidentali si sono aperte critiche, polemiche e scissioni.

Da noi nascono e crescono, soprattutto tra i giovani delle grandi città, i movimenti di Lotta Continua e Potere Operaio.

A Milano, come abbiamo visto, a guidare la sinistra radicale sono Movimento Studentesco e Avanguardia Operaia.

Divisi da diverse visioni del comunismo e della società da realizzare.

4 *Ibidem*.

Uniti però sulle grandi questioni internazionali: la guerra del Vietnam (contro quella che definiscono «l'invasione imperialista americana»), il movimento di liberazione palestinese, appoggiato dai Paesi arabi del Medio Oriente contro il «nemico sionista» (molti militanti dei Katanga porteranno al collo, come segno distintivo, proprio la kefiah palestinese), i movimenti indipendentisti del Terzo mondo.

Ma soprattutto, e prima di tutto, la guerra al governo democristiano e, *ça va sans dire*, ai fascisti.

In effetti, regimi autoritari in giro ce ne sono ancora.

Nella stessa Europa.

Ricordiamoci del colpo di Stato dei colonnelli in Grecia nel 1967.

Ricordiamoci che in altri Paesi del Mediterraneo, Spagna e Portogallo, governano dittatori di destra, sostenuti dagli Stati Uniti.

Ricordiamoci del tentativo di colpo di Stato del principe Borghese del dicembre 1970.

Del resto, proprio nel 1970, il neo-segretario del Msi Giorgio Almirante, in una famosa tribuna politica del 25 maggio, provocato e sollecitato da un giornalista di sinistra, Ennio Ceccarini – che gli chiedeva cosa pensasse del golpe in Grecia –, aveva risposto testualmente:

> In riferimento alla situazione greca, ora si tratta di scegliere tra lasciarsi sommergere o tentare di non lasciarsi sommergere.
> Si tratta di scegliere, a tempo debito, quali siano gli strumenti attraverso i quali un popolo può salvarsi dal comunismo, che non è certamente un regime di libertà.
> Il popolo greco ha espresso una classe dirigente militare che lo ha salvato in un determinato momento dal pericolo più grave: dal pericolo comunista.
> Ciò può portare degli inconvenienti?

Senza alcun dubbio, ogni sistema può portare degli inconvenienti.
Però il regime dei colonnelli greci ha salvato la Grecia dal comunismo, ha salvato la Nato e ha salvato in parte anche l'Europa occidentale.
Insomma, ha contributo a difendere anche quei partiti, quei gruppi e, mi si consenta, anche quei giornalisti che si divertono in Italia a scrivere contro il regime dei colonnelli, ma che vorrebbero colonnelli e generali, se potessero salvarsi da ciò che incombe anche sul nostro Paese.

Immediata la replica di Ceccherini:

Io non mi sento affatto difeso, come italiano e come democratico, dal sistema che esiste ora in Grecia.
Per il resto, mi ritengo soddisfatto della sua risposta, anche perché contiene implicitamente una conclusione che lei non ha esplicitato, ma che mi pare ovvia per chi ci sta ascoltando, e cioè che in condizioni più o meno simili a quelle in cui si trovava la Grecia tre anni fa, il suo partito sarebbe ben lieto di una soluzione che ci «salvasse» allo stesso modo in cui i colonnelli greci hanno «salvato» la Grecia...

Almirante:

L'ho già detto: a mali estremi, estremi rimedi. Noi siamo virilmente pronti alla realtà, senza ipocrisie.
Qualora soluzioni, anche di forza, ci salvassero dal comunismo, ben vengano le soluzioni di forza.

Più chiaro di così...
Insomma, in questi anni nel nostro Paese convivono e si contrappongono due paure uguali e contrarie: quella della sinistra verso il «pericolo fascista» e un possibile colpo di Stato e quella del mondo conservatore, ma anche moderato, del possibile arrivo al potere del Partito comunista,

ancora saldamente legato al Patto di Varsavia e alla casa madre sovietica.

Queste le carte sul tavolo a livello di politica generale.

Ma poi c'è la vita di tutti i giorni. E la ricaduta quotidiana di questo clima nelle scuole e nelle piazze.

Con tutto quello che sta per seguirne.

Quasi sempre la paura nasce dall'ignoranza. Non si conosce una persona. Si sa pochissimo di un ambiente umano o di una comunità e si finisce per diventare prigionieri di idee preconcette e di pregiudizi. E proprio in questa trappola stanno per cadere centinaia di migliaia di giovani di destra e di sinistra.

A sinistra, ad esempio, la mostrificazione dell'*homo fascistus*, figlia del mito della Resistenza, che ha ridotto centinaia di migliaia di giovani che in buona fede aderirono a Salò a un'accozzaglia di servi sciocchi del nazismo, una masnada di rifiuti sociali dediti soltanto al sadismo e alla violenza fine a sé stessa, produrrà effetti letali. Perché in questa narrazione cadranno diversi giovani di destra o estrema destra, che finiranno per interpretare esattamente il ruolo che gli avversari politici gli hanno disegnato.

Ma restiamo ai militanti di sinistra. E a come vedono e immaginano i fascisti.

Prendiamo Mario Ferrandi, uno dei più noti militanti dell'estrema sinistra milanese degli anni Settanta. Prima giovane aderente al Movimento Studentesco, poi a Lotta Continua. Quindi animatore dell'Autonomia milanese nel 1977. In seguito entra nella lotta armata militando in Prima Linea.

Ferrandi faceva parte del gruppo armato che il 14 maggio 1977 si scontrò con la polizia in via De Amicis a Milano.

Grazie a una comparazione balistica e soprattutto allo studio delle fotografie scattate dai molti reporter presenti quel giorno, il giudice Salvini accertò, diversi anni dopo, che proprio dalla sua pistola partì il proiettile che colpì mortalmente il vicebrigadiere Antonio Custra.

Ferrandi ha sempre contestato questa ricostruzione, ma al di là di questo, da molto tempo ha rotto con il suo passato, soprattutto condannandolo e dichiarandosi profondamente pentito e dispiaciuto per il male che ha arrecato.

Nel corso del nostro incontro parte dall'inizio e questo ci riporta a come i giovani di sinistra vedessero i fascisti.

Sentiamo il suo racconto:

Abitavo in zona Porta Romana, mi iscrissi al liceo classico, al Manzoni.

In quarta ginnasio, parliamo quindi dell'autunno 1971, si decise l'occupazione della scuola contro la repressione, per il diritto all'autogestione e allo studio, vabbè, quello che si pensava e si proclamava all'epoca.

Una mattina ci avvertono dalla Statale che è previsto un attacco di fascisti a scuola. Allora noi ci prepariamo e ci mettiamo tutti belli cazzuti ad attenderli.

Dopo un po' i fascisti arrivano davvero.

Era la prima volta che li vedevo. Venivano dalla Cattolica, perché lì vicino c'era un dormitorio che era la base della Fenice, il gruppo milanese legato a Ordine Nuovo.

Sono un gruppo considerevole. Noi stiamo pronti, ma non siamo tantissimi e molti di noi sono al primo anno e al loro battesimo del fuoco.

È stato uno scontro pesante, brutto.

Io non feci praticamente nulla. Ero paralizzato dalla paura. Per fortuna arrivò dalla Statale qualcuno dei Katanga a darci man forte.

Loro erano armati di coltelli. E sciabolavano con le lame con notevole destrezza. La rissa si tenne davanti al portone della scuola.

Quattro o cinque di loro riuscirono a ripararsi dentro la scuola

perché un bidello gli apre il portone. Arriva la polizia. I fascisti tentano maldestramente di disfarsi dei coltelli gettandoli nel water e tirando lo sciacquone, ovviamente senza successo.
Gli agenti entrano a scuola e si portano via gli squadristi, ammanettandoli, tra due ali di compagni.
Ricordo come se fosse ora che uno di loro si girò verso di noi e fece il saluto romano. «Minchia,» pensai «ma questi sono matti come cavalli.»[5]

Gli scontri di cui parla Ferrandi avvennero davanti al Manzoni l'11 ottobre 1971.

Ma per capire quanto sia difficile trovare una chiave interpretativa condivisa e oggettiva, ecco come il capo della Fenice, Giancarlo Rognoni, ricostruirà gli scontri di quel giorno:

Avevamo da poco terminato un volantinaggio presso la Cattolica.
Ci dirigemmo a piedi verso via Torino e arrivammo nei pressi del Carrobbio.
Probabilmente avevamo ancora sottobraccio dei volantini o qualche copia dei nostri giornali. Questo materiale ci fece identificare facilmente come fascisti.
Incontrammo sulla strada degli appartenenti al Movimento Studentesco.
Eravamo in diversi oltre a me: Marco De Amici, Benedetto Tusa, Pietro Battiston e Carlo Lovati. Scoppiò una rissa violenta. Alcuni di noi erano armati di coltelli e taglierini.
Lo scontro fu più verbale che fisico, ma eravamo in netta minoranza e la situazione stava volgendo al peggio.
A un certo punto pensammo di rifugiarci all'interno del Liceo classico Manzoni che era lì vicino e dove la polizia venne poi a prenderci per arrestarci.
Marco De Amici non riuscì a riparare all'interno del liceo e lì

5 In un incontro con l'autore a Milano il 20 ottobre 2023.

fuori venne aggredito restando ferito. Questo episodio è sintomatico del clima di odio instaurato nei confronti dei neofascisti.[6]

Il *Corriere milanese*, pagina locale del *Corsera*, nell'edizione di mercoledì 13 ottobre l'episodio lo racconterà così:

In seguito ai sanguinosi scontri di lunedì, ieri il liceo Manzoni di via Orazio è stato occupato dagli studenti. Lo ha deciso un'assemblea accogliendo una mozione presentata dai gruppi di sinistra. Il blocco verrà mantenuto fino a domani. Nel frattempo gli studenti si riuniranno in «gruppi di studio» per discutere «le necessarie forme di lotta unitaria contro i fascisti» e «il rafforzamento e l'allargamento degli spazi politici finora ottenuti, difendendoli dall'attacco congiunto dei fascisti e del ministro Misasi».
48 tra docenti e personale non insegnante dello stesso liceo hanno sottoscritto un documento nel quale «avendo constatato che le norme della Costituzione intese a proibire la propaganda fascista sono spesso disattese e sottovalutate dalla polizia e dalla magistratura e che l'applicazione di tali norme resta talvolta affidata quasi unicamente all'impegno e al senso di responsabilità di singoli gruppi e persone, provocando spesso degenerazioni violente, deplorano tale stato di cose, di cui l'aggressione armata fascista al Manzoni è stata l'ultima dolorosa prova (in una lunga serie di provocazioni), chiedono una ferma presa di posizione delle autorità a tutela dei diritti del cittadino e della democraticità della scuola e dello Stato, e vedono nel divieto della propaganda fascista nella scuola una garanzia di tali valori».
Prosegue intanto l'inchiesta della polizia sul cruento episodio, conclusosi, come è stato riferito, con tre feriti (due studenti di estrema sinistra e uno di estrema destra), l'arresto di cinque neofascisti (un sesto denunciato è latitante) e la segnalazione

6 G. Rognoni - I.E. Ferrario, *La Fenice. Una testimonianza del neofascismo milanese*, Ritter edizioni.

alla magistratura di sette appartenenti al Movimento Studentesco. Un primo rapporto è già stato trasmesso al procuratore capo della Repubblica, dottor De Peppo. L'inchiesta giudiziaria è stata affidata al sostituto procuratore dottor Bieci, il quale questa mattina si recherà a San Vittore per interrogare i cinque arrestati. A carico di questi, denunciati in un primo tempo solo per porto abusivo di coltello, si è aggiunta l'accusa di lesioni.
Ieri sera il segretario provinciale del Partito liberale italiano, onorevole Alberto Giomo, ha fatto la seguente dichiarazione: «A Milano è appena iniziato l'anno scolastico nelle scuole medie (solo a novembre si apriranno le università) e già si comincia a parlare di violenze. La situazione si presenta già più grave di quella degli scorsi anni. La segreteria provinciale del Pli denuncia alla opinione pubblica questo grave stato di cose provocato da forze "nemiche-alleate". Nemiche perché configurano quello stato di guerriglia permanente, che verrebbe a crearsi nella malaugurata ipotesi di un rafforzamento di tali forze estremistiche: alleate dal momento che esse si alimentano a vicenda attraverso la guerriglia urbana di fronte alla quale le tesi della ragione e della democrazia sembrano soccombere. I liberali fanno appello alla stragrande maggioranza dei giovani, che vogliono studiare e pensare al loro avvenire perché non raccolgono le provocazioni».

Insomma, i fascisti sostengono di essere stati aggrediti e di essersi solo difesi; il Movimento Studentesco e gli studenti di sinistra del liceo (come Ferrandi) sostengono il contrario, mentre diversi professori e dipendenti della scuola firmano un documento in cui spingono sull'incostituzionalità del fascismo in Italia, accusando magistratura e forze dell'ordine di fare poco o niente per applicarla.

Dopo oltre mezzo secolo c'è ancora chi, tra coloro che hanno vissuto quegli anni, preferisce raccontarmi quel periodo dietro garanzia dell'anonimato.

Per scrivere questo libro, ne ho incontrati diversi, tra il 2023 e il 2024. Professionisti di vari settori, giornalisti, scrittori.

Di destra e di sinistra.

Uno di loro, che chiameremo «compagno Alvaro», era un *enfant prodige* dell'ultrasinistra milanese. Classe 1959, già in terza media, nel 1972, si considera un rivoluzionario.

Quando l'anno dopo entra al Liceo classico Beccaria, è già un militante in servizio permanente effettivo.

E allora sentiamo come Alvaro ricorda la sua prima volta con i fascisti:

> Arrivo in quarta ginnasio nell'ottobre 1973 già bello carico e militante.
> Alla seconda settimana di scuola, prima che comincino le lezioni, entro in un bar là vicino, notoriamente frequentato dai fascisti, e commetto l'imprudenza di tirare fuori dalla tasca dei jeans una copia di *Lotta Continua*.
> Mi si avvicina un tizio alto, con il maglioncino a V, camicia azzurra, scarpe a punta bordeaux Barrow's, e battendomi sulla spalla mi fa: «Ciao, compagno, che cazzo ci fai qui?»
> Per fortuna mi salvo, prendendo al volo l'autobus che mi porta al bar vicino al Beccaria, dove c'erano solo compagni.
> Mi ero preso un grande spavento.
> La sera, quando mi chiamò il responsabile della scuola per organizzare per l'indomani una diffusione del giornale davanti al liceo, gli raccontai tutto.
> Mi disse: «Domani non si diffonde nessun giornale, facciamo lo sciopero antifascista di zona» (che comprendeva quindi tutte le scuole del quartiere).
> Il giorno dopo si presentarono davanti al bar le squadre dei servizi d'ordine delle principali organizzazioni – Katanga, Ao e Lc – e tre dei nostri, col megafono, annunciarono la mobilitazione antifascista perché il giorno prima in quel bar due fascisti sanbabilini avevano aggredito vigliaccamente un compagno.

Andava quindi tolta agibilità politica ai fasci. Tradotto: il bar andava prima distrutto e poi chiuso per sei mesi.
Cosa che avvenne.
Le squadre assaltarono e devastarono il bar, davanti alla polizia che non mosse un dito.

Ma è solo l'inizio.

Restiamo a scuola, anzi alle scuole e spostiamoci dal Manzoni, zona Università Cattolica, verso est; attraversiamo Città Studi, incrociamo il borgo popolare dell'Ortica, passiamo davanti agli enormi stabilimenti della Innocenti e dirigiamoci a nord di Lambrate, obiettivo: i gemelli siamesi Settimo-Molinari.

In questi primi anni Settanta la situazione là è particolarmente calda.

Sentiamo cosa ricorda, e come, un ex militante di destra di quegli anni, Alfredo Durantini:

Sono nato nel 1956. Vivevo a Segrate, quindi un po' fuori Milano.
A ottobre 1971 mi iscrivo al Molinari, scelgo l'indirizzo da perito chimico. E comincio a frequentare il Comitato Tricolore di Sergio Muggiani.
Avevo provato a entrare in Avanguardia Nazionale, ma mi dissero: «Sei troppo piccolo, torna tra qualche anno».
Quella scuola per noi di destra era davvero un postaccio.
Appena arrivo, dopo qualche giorno, decidono due mesi di occupazione.
A giorni alterni c'erano liti e risse tra Movimento Studentesco e Avanguardia Operaia e un giorno sì e l'altro pure, tutti i gruppi si univano per dare la caccia ai fasci.
Ovviamente non avevamo diritto di parola.
Mani in faccia quando ti andava bene.
Molti dei capetti di quei gruppi finiranno, anni dopo, a farsi di

droghe pesanti. Non pochi dei compagni della mia generazioni sono finiti a San Patrignano, se gli andava bene.
Comunque, sia il Molinari sia il Settimo erano davvero casa loro. A separare le due scuole, solo una recinzione.
Ricordo che nel febbraio 1972 i compagni del Molinari decisero che non si poteva e non si doveva festeggiare il Carnevale perché le maschere e la goliardia erano pratiche fasciste. Dei ragazzi furono picchiati perché si presentarono con il cappello da goliardi. Fu riunita un'assemblea dopo questi pestaggi in cui si decise che il Carnevale non andava festeggiato né al Molinari, né al Settimo, sostenendo che «le masse popolari» (cioè loro) ripudiavano il Carnevale, perché «pratica controrivoluzionaria e borghese».[7]

La «rivoluzione» qui dalle parti di via Crescenzago era cominciata presto.

Scorrendo gli archivi giornalistici si fanno scoperte interessanti.

Già il 25 maggio 1969 al Settimo era stata una giornata calda.

Erano in corso le proteste cittadine contro i prof della Statale, rei di contrapporsi ai diktat del guru del Movimento Studentesco, Mario Capanna, che stabiliva cosa chiedere agli studenti in sede di esame e anche cosa non chiedergli.

E soprattutto che voti dargli.

Ebbene, la rivolta contro «la scuola dei ricchi» si era estesa anche alle superiori.

Quel giorno davanti al Settimo, corteo interno ed esterno, scontri con la polizia, manifestazione improvvisata davanti al Provveditorato e poi davanti alla Cattolica, con tensione e tafferugli per tutta la città.

Passano i mesi e le cose si complicano.

7 In un incontro con l'autore a Milano il 14 dicembre 2023.

Il 22 marzo 1970 in uno stanzino della scuola, di fatto adibito a sede della cellula interna del Movimento Studentesco, la polizia scopre e sequestra 23 manganelli e sbarre di ferro con impugnatura, 4 catene e 23 caschi.

Il Settimo chiama e il Molinari risponde.

Il 13 novembre dello stesso anno, i capintesta del Movimento Studentesco decidono l'occupazione della scuola e picchetti all'ingresso per impedire l'accesso a tutti.

Chi prova a entrare viene respinto, con le buone o con le cattive.

Il 22 marzo 1971 i due istituti gemelli stavolta marciano insieme.

Comincia il Settimo con una nuova occupazione della scuola. Ma stavolta interviene la Celere e sgombera l'edificio.

Allora in duecento si spostano al Molinari chiedendo sostegno. Che arriva in forze.

Ora gli scontri con la polizia sono violenti.

Lacrimogeni ad altezza d'uomo, idranti.

Volano sassi e bastoni. Alla fine quattro feriti tra gli agenti.

Poi comincia la caccia al fascista. Vero o presunto poco importa.

Non stai con il «movimento»?

Non ti schieri con noi?

Fai vita isolata?

Ti fai i cazzi tuoi?

Hai detto a un amico che non ti piace quello che facciamo?

Ci pensiamo noi a educarti, anzi a rieducarti.

Il 20 novembre gli aspiranti Katanga individuano un «fascista» al Molinari. Ha 17 anni, si chiama Antonio Spadavecchia. Un gruppo entra in classe, lo preleva davanti ai professori impotenti, lo trascina per il corridoio e lo costringe a sfilare con un cartello al collo.

Sopra c'è scritto: «Io sono un fascista di merda e faccio picchiare i compagni».

Tra i compagni di scuola di Spadavecchia ad assistere alla scena, in un angolo del corridoio, c'è un ragazzo silenzioso.

Si chiama Sergio.

Viene da Città Studi, frequenta la squadra di calcio dell'oratorio, spesso va a bere una spuma con il fratello Luigi nel bar di viale Argonne, di fronte alla basilica dei Santi Nereo e Achilleo, e tifa Inter.

2

Alla Statale processo ai prof. Spuntano le chiavi inglesi

Ora torniamo alla Statale, il feudo dei Katanga.

Una vera e propria repubblica autonoma, con proprie regole e proprie leggi.

Intanto i rivoluzionari la ribattezzano «Università Carlo Marx» e poi procedono.

Dicevamo della guerra ai prof.

Si parte il 18 marzo 1969. Il primo a farne le spese è il professor Antonio Amorth, ordinario di diritto amministrativo a Giurisprudenza, che denuncia pubblicamente di essere stato aggredito, picchiato e costretto a un «processo proletario» nella stessa aula dove stava tenendo lezione.

Tre giorni dopo tocca al collega Trimarchi essere aggredito dai soliti noti.

Ma questa è una storia che va raccontata bene.

Il professor Pietro Trimarchi, giovane e brillante ordinario di istituzioni di diritto privato, è uno con la schiena diritta.

Vede arrivare l'onda lunga del '68 e del cambiamento, ma non per questo la cavalca.

Il Movimento Studentesco in questi mesi sta facendo la battaglia contro il «salto d'appello». Cioè l'impossibilità, per uno studente che non abbia superato un esame, di ripeterlo alla sessione successiva.

Molti professori decidono di concederla.

Ma non Trimarchi.

L'11 marzo lo studente ventitreenne Marco Orefice si siede, preoccupato e spaventato, di fronte al professor Trimarchi.

Alla terza domanda senza risposta, l'esame è già finito.

Orefice getta la spugna.

Chiede a Trimarchi di riavere lo statino e di poterci riprovare all'appello successivo.

Ma il prof non ci pensa nemmeno lontanamente. Gli dice che non è possibile e registra la bocciatura di Orefice.

I presenti insorgono. Bloccano le porte dell'aula e chiamano i Katanga. Che arrivano in forze.

«O restituisce lo statino al compagno e gli consente di tornare al prossimo appello oppure la teniamo chiusa qui. Anche per una settimana» gli dicono.

Le condizioni per rilasciare l'ostaggio sono queste: sessioni ogni settimana, con il diritto di ripetere la prova senza alcun limite e facoltà di rifiuto del voto, con possibilità per gli studenti di concordare con i professori gli argomenti d'esame.

Trimarchi non cede. Ma la voce del sequestro si sparge in città.

Si presenta in aula anche il padre, Mario Trimarchi, alto magistrato, presidente della Corte d'Appello, e i Katanga sequestrano anche lui.

Dopo 4 ore, la polizia interviene e riesce a liberare i due ostaggi.

Ma è solo l'inizio di questa storia.

Perché il 16 aprile una squadra di katanghesi torna nell'aula di Trimarchi e lo caccia, impedendogli di proseguire la lezione.

Lui se ne va e torna il giorno dopo. Ma nulla da fare: ancora fumata nera.

Ci riprova il 22 aprile. Niente da fare.

Il 23 riesce a entrare in aula e a cominciare la lezione di diritto privato. Ma dura poco.

I Katanga prendono una trave e la utilizzano come un ariete: sfondano la porta, chiusa a chiave, rientrano in aula e Trimarchi è di nuovo costretto ad andarsene.

Per qualche giorno le acque si calmano. Ma il 6 maggio solito copione.

Il 14 maggio i capi del Movimento entrano in aula e danno vita a una sorta di «processo proletario» contro il prof, che cerca di difendersi e di argomentare.

Tra urla e fischi.

Le contestazioni escono dalla «Carlo Marx» e si estendono anche alla Cattolica. Dove il 18 maggio una ventina di rivoluzionari irrompe a Lettere durante l'esame di latino e lo blocca. Lo slogan è: «Basta col latino dei ricchi».

Intanto la via crucis di Trimarchi non si è ancora conclusa.

Dopo tutte le denunce per sequestro di persona, aggressione, minacce e percosse, in luglio al Palazzo di giustizia si tiene il processo al gotha del Movimento Studentesco. Nell'udienza del 12 luglio, il prof racconta alla Corte, nel dettaglio, tutto quello che ha dovuto subire per diversi mesi. Dagli imputati urla, risate e poi, al via di Capanna, tutti a intonare l'*Internazionale*.

Il 16 luglio è attesa la deposizione di un vigile che aveva tentato di difendere Trimarchi, prelevato mentre partecipava a un consiglio di facoltà in via Albricci.

Ecco cosa dice:

> Il professore era coperto di sputi in maniera impressionante. Gli colavano sputi sul volto, giù per il collo, sugli abiti. Gli studenti lo sbattevano qua e là. Appena intervenimmo, fummo

anche noi malmenati. La macchina fu presa a calci, le gomme sgonfiate, mentre altri la martellavano dopo essere saliti sul cofano.

Il 20 luglio la sentenza: 11 condanne e 16 assoluzioni, ma tutti subito scarcerati.

Le ultime parole del presidente del Tribunale vengono sommerse dai cori e dagli slogan che inneggiano a Stalin e a Mao.

Questo il clima nella repubblica autonoma «Carlo Marx».

I Katanga fanno paura, ma in molti suscitano ammirazione.

E così le loro truppe si ingrossano e si gonfiano a dismisura.

Le loro squadre sono delle vere e proprie falangi che si muovono in maniera coordinata e sono organizzate militarmente.

E ora non è più il tempo dei mazzopicchi, ma delle chiavi inglesi.

Martucci:

> Alla fine del 1971 scoprimmo che la chiave inglese era un'arma molto comoda e funzionale.
> La potevi nascondere sotto il trench o il giaccone, non si vedeva.
> Era molto efficace e poi metteva tanta paura.
> Faceva da deterrente, anche senza doverla usare per forza. I nostri militanti con la mitica Hazet 36 si sentivano più al sicuro, più protetti.
> Eravamo anche molto organizzati.
> La mia squadra, la Stalin, contava più di 100 elementi.
> Le squadre erano divise in sottogruppi, ogni squadra aveva sei o sette sottogruppi, ognuno con un proprio responsabile.
> Ci allenavamo anche fisicamente: andavamo nella palestra della Camera del lavoro o anche nella palestra della scuola

dove lavorava uno dei capi del Movimento Studentesco, Roberto Tuminelli. Facevamo esercizi fisici e correvamo molto. Ognuno aveva la sua chiave personale, diciamo d'ordinanza.
Una volta venne la polizia alla Statale: noi nascondemmo tutte le nostre chiavi in uno sgabuzzino, ma la polizia le trovò e fummo costretti a ricomprarle.

Fin qui la teoria.
Ma poi arriverà la pratica.
Molta pratica.
Sentiamo ancora Martucci:

C'erano i fascisti di San Babila che erano dei veri violenti. Aggredivano la gente gratuitamente.
A un certo punto, all'inizio del 1973, decidemmo di farla finita con quella gente e anche con i picchiatori neri di diversi quartieri.
Cominciammo a individuarli e decidemmo di andare a prenderli e soprattutto spaventarli a morte una volta per tutte.
Fu un'azione congegnata e coordinata tra diverse squadre in diverse parti di Milano. Contemporaneamente disturbammo anche le frequenze radio della polizia.
Come sa, non abbiamo mai ucciso nessuno, pur usando le chiavi inglesi. Come è stato possibile? Perché noi sapevamo come usarle. Non colpivamo quasi mai alle teste, ma in altre parti del corpo. Ai fianchi, alle ginocchia, sulle spalle.
Come le dicevo, in decine di scontri, anche pesanti, non c'è mai stato il morto e questo non può essere casuale.

La percezione e il ricordo di Martucci non corrispondono esattamente a ciò che accadde, ma ne riparleremo.

Intanto comincia a diffondersi in città un sinistro neologismo: «cucchino». Cioè l'aggressione organizzata di un gruppo di persone a un singolo bersaglio, indifeso.

E qui parte, a posteriori, un grandissimo scaricabarile perché a distanza di mezzo secolo e più, nessun gruppo ammette di aver praticato il cucchino.

Nemmeno Martucci:

> Questa del cucchino era la logica di altri gruppi, ma non la nostra.
> Era una cosa senza senso.
> Magari qualcuno di noi lo avrà anche praticato, ma se uno dei nostri poneva il problema, il caposquadra lo dissuadeva.
> L'obiettivo dell'aggressione doveva essere qualcuno che poneva oggettivi problemi di convivenza oppure un personaggio simbolico.
> Ma non c'era motivo di colpire il singolo ragazzino militante o simpatizzante di destra.
> Colpire Ignazio La Russa, ad esempio, quello sì che aveva un senso educativo e politico.
> E infatti ci abbiamo provato diverse volte, ma non ci siamo mai riusciti. Perché era attento, furbissimo, poi girava sempre con questo cane enorme al guinzaglio.
> Diventò un bersaglio obbligato, ma anche molto, troppo complicato da colpire.

Vediamo invece cosa ci dice il compagno Alvaro dei cucchini:

> La logica del cucchino era diffusa eccome, tra tutti i gruppi. A cominciare proprio dal Movimento Studentesco. Il loro modello erano le azioni partigiane dei Gruppi di Azione Patriottica, i Gap del Partito comunista clandestino durante l'occupazione nazifascista.
> Il loro vate era il comandante partigiano Giovanni Pesce.
> Il loro *livre de chevet* era *Senza tregua. La guerra dei Gap*, scritto appunto da Pesce, per le edizioni La Clessidra, nel marzo 1967 e poi ripubblicato da Feltrinelli.

In *Senza tregua*, Pesce ripercorre la propria storia dentro la Resistenza, alla guida dei Gap, soprattutto a Torino e Milano.

Rievocando, tra l'autocelebrativo e l'avventuroso, le azioni di sabotaggio contro i tedeschi, ma anche i cucchini (non con armi improprie, ma con armi da fuoco) contro fascisti, spie e traditori veri o presunti.

Sui cucchini sentiamo anche Ferrandi:

> I cucchini in quegli anni furono molti, ma da ambo le parti (anche i fascisti li realizzavano contro di noi) e spesso neanche venivano registrati come notizie, tranne nei casi in cui il cucchinato fosse grave o fosse chiaramente e pubblicamente identificabile come un militante politico.

Ho contattato via mail un altro protagonista della Milano degli anni di piombo.

Si chiama Enrico Galmozzi, per tutti Chicco.

Condannato per aver organizzato e realizzato l'uccisione, nel 1976, del consigliere provinciale milanese del Msi Enrico Pedenovi. Che di fatto sarà il primo omicidio commesso dalla nascente Prima Linea.

Come Sergio Segio e altri dell'organizzazione, viene da Sesto San Giovanni, la Stalingrado d'Italia.

Operaio a 18 anni, nel 1969, contemporaneamente diventa attivista Fiom fino al 1973.

Poi entra in Lotta Continua e infine in Senza Tregua, il gruppo scissionista di Lc che si richiama esplicitamente alle gesta dei Gap di Giovanni Pesce, come abbiamo appena visto.

Ecco il suo ricordo sul rapporto con i fascisti:

> Al di là della narrazione più o meno folcloristica sui sanbabilini, la presenza dei neofascisti a Milano era massiccia e

diffusa, anche nei luoghi dove non te lo saresti mai aspettato. Per dire, a Sesto San Giovanni, la Cisnal era il sindacato con il maggior numero di iscritti tra gli operai delle imprese appaltatrici esterne, sovente impiegati in azioni di crumiraggio.
Lo stesso avveniva in fabbriche come la Snia di Varedo, dove andavamo spesso a sostenere i picchetti contro le incursioni squadristiche a difesa dei crumiri.
I neofascisti non si limitavano a presidiare le loro zone franche, ma facevano incursioni anche nelle «zone nemiche», come nel caso del tentato assalto alla sezione di Sesto di Lotta Continua. Fortunatamente le vedette avvisarono dell'arrivo e quando i fasci entrarono nel cortile dove si trovava la sede, si spalancò la porta e uscì un compagno che prima sparò in aria e poi, inginocchiatosi, sparò un colpo a terra che ferì un aggressore, mettendo in fuga i fasci.
La risposta era affidata ai servizi d'ordine, in particolare del Movimento Studentesco della Statale e di Avanguardia Operaia, anche con la pratica del cucchino.
Personalmente non ho mai apprezzato questa pratica del dieci contro uno e non vi ho mai preso parte.
La stessa Lotta Continua preferiva dare l'assalto alle sedi Msi e Cisnal durante i cortei.[8]

Fin qui i ricordi personali.

Ma torniamo agli archivi e vediamo cosa esce fuori.

Su una cosa Ferrandi ha ragione: la violenza gratuita e indiscriminata non fu di una sola parte. Furono molte le aggressioni violente da parte di militanti neofascisti (soprattutto dei sanbabilini ma non solo) verso avversari politici reali o ipotetici.

In alcuni casi anche mortali.

E ci torneremo.

Ma è altrettanto innegabile che per il numero di mili-

8 Mail di Galmozzi all'autore del 5 dicembre 2023.

tanti, per il clima che si respirava, per il *mood* genericamente e universalmente favorevole alla sinistra estrema e nemico dei fascisti, le due violenze non sono paragonabili.

Improvvisa, estemporanea, isolata la prima. Organizzata, preparata e con un consenso di massa la seconda.

Allora cominciamo.

È la vigilia di Natale del 1972.

La prima testa rotta dalle chiavi è quella del ventenne Leonardo Avella, militante del Fronte della Gioventù, la nuova organizzazione giovanile del Msi nata un anno prima dalla fusione tra Giovane Italia e Raggruppamento Giovanile Studenti e Lavoratori.

Il giorno prima, Avella, con altri suoi camerati, aveva avuto un alterco con militanti di sinistra davanti alla Cattolica.

Immediato l'*ukase* del Movimento Studentesco: il fascista Avella va punito.

Alle 8.15 del 24 dicembre, in via Murialdo, nei pressi del liceo Manzoni, l'esecuzione della sentenza mediante cucchino: una squadra di Katanga lo aggredisce a colpi di chiavi inglesi in testa e tirapugni. Lasciandolo a terra svenuto.

Passano le vacanze di Natale e i primi mesi del 1973 si caratterizzano per un aumento della violenza politica, dei cucchini e della tensione.

Poi il big bang della primavera successiva. Con il giovedì nero di via Belotti e quello che ne seguirà.[9]

9 Il 12 aprile 1973 una manifestazione non autorizzata del Msi, guidata dai vertici locali del partito ai quali si è aggiunto l'eroe della rivolta di Reggio Calabria, il sindacalista Ciccio Franco, si trasforma in una gigantesca battaglia urbana. La situazione degenera e i sanbabilini, chiamati la sera prima da alcuni dirigenti missini a guidare la manifestazione, guidano gli assalti alla polizia lanciando anche alcune bombe a mano da esercitazione, una delle quali colpisce e uccide l'agente Antonio Marino. Seguiranno arresti, denunce e polemiche anche dentro il partito.

Ma il giovedì nero, in cui per la prima volta dei militanti neofascisti si scontrano duramente con la polizia e alcuni di loro uccidono un agente, segnerà uno spartiacque dentro e intorno al Movimento sociale italiano, fino a quel momento considerato il partito più vicino a forze armate e a forze dell'ordine.

Ho incontrato Ignazio La Russa, storico esponente prima del Msi, poi di Alleanza Nazionale e ora di Fratelli d'Italia, nel suo ufficio di presidente del Senato, per parlare di quegli anni e dei suoi ricordi.

Che partono proprio dal giovedì nero.

Sentiamolo:

Per noi missini, non solo a Milano, ci fu un prima del 12 aprile e un dopo il 12 aprile.
Fino al giorno prima a Milano avevamo almeno 1.000 iscritti al Fronte della Gioventù, tutti studenti medi con studenti universitari come loro dirigenti.
Dal 13 aprile i militanti e gli iscritti credo che non superassero le 150 persone.
I genitori impediscono ai ragazzini di venire in federazione. Molti li spostano nelle scuole private. Non pochi decidono di cambiare città.
Il vero cambiamento, in peggio, avviene proprio in quell'occasione. E l'agibilità politica che avevamo faticosamente conquistato viene meno.[10]

Ma quello che accadde poteva essere evitato? Ci furono errori del partito a suo giudizio?

Dopo tantissimi anni, l'unico errore, di cui sono responsabile anch'io perché ero favorevole, fu forse quello di invitare Ciccio Franco alla manifestazione, cosa che ha reso il racconto di

10 Incontro con l'autore a Roma il 16 aprile 2024.

quella giornata più facile e ha rafforzato la vulgata secondo la quale con la presenza del capo dei Boia Chi Molla di Reggio Calabria, noi avessimo premeditato le violenze e gli incidenti.
Cosa falsa.
Perché la manifestazione era stata voluta, pensata e studiata contro la violenza rossa.
Poi tutto precipita.
Chiediamo la manifestazione e la Questura ci vieta il corteo.
Accettiamo il divieto del corteo, di malavoglia, e chiediamo comunque di tenere un comizio.
Non ce lo vietano, ma cambiano la località del comizio. Spostandola in una zona semiperiferica, piazza Tricolore. Accettiamo. Più di così che doveva fare il Msi? Quattro ore prima del comizio, ci vietano anche quello.
Ma non hanno il coraggio di vietare l'evento specificamente. Si inventano un provvedimento di divieto di tutti i comizi in città con la scusa che sta per cominciare la Fiera di Milano.
A quel punto facciamo una riunione nell'ufficio di Servello e gli altri parlamentari e dirigenti del partito presenti per trovare una soluzione.
Con l'ok di Servello mando dappertutto giovani militanti ai caselli autostradali per bloccare i nostri che arrivano dalle città vicine. E devo dire che la quasi totalità di loro tornano indietro.
A quel punto cerchiamo disperatamente un cinema perché la manifestazione al chiuso non potevano vietarla.
Nessun cinema ci dà la disponibilità. Perché tutti i proprietari delle sale temono che, ospitandoci, poi saranno oggetti di attacchi e di rappresaglie da parte dei compagni.
C'è solo un cinema, l'Argentina, di proprietà della madre di Gianluca Bonazzi, un nostro dirigente giovanile dell'epoca.
Chiamo Bonazzi davanti a Servello. Lui gli dice: «Ci serve il cinema della tua famiglia». Bonazzi era già sposato e aveva un figlio piccolo. Chiama la moglie e lei gli fa: «Se gli dai il cinema, mi butto con il bambino dalla finestra».
E così restiamo anche senza cinema.

Intanto per le strade della città sono iniziati gli scontri tra militanti missini, il gruppo dei sanbabilini e le forze dell'ordine. Sentiamo ancora La Russa:

> Decidiamo di andare in delegazione dal prefetto per protestare contro i loro divieti. E chiedergli di far svolgere il comizio per motivi di ordine e sicurezza pubblica.
> Ci sono le famose foto che ritraggono tutto il gruppo dirigente del partito che a piedi va verso la Prefettura. Ci siamo anche io e la mia fidanzata, lei con una parrucca bionda, per il timore che qualche sua foto finisse sui giornali e i genitori, che le avevano vietato di venire alle nostre iniziative politiche, la riconoscessero.
> A quel punto c'è un episodio che fa capire quanto oggi viviamo in un'altra epoca e che la destra ha una propria concezione dello Stato. Arriviamo davanti alla Prefettura e bisogna salire dal prefetto, ma io sono senza cravatta. Allora mi dicono: «Non puoi salire dal prefetto senza cravatta» e così mi lasciano giù, ad aspettare.
> Per noi il prefetto rappresentava lo Stato, per noi il rispetto per l'autorità e per quello che rappresentava era fortissimo.
> Pochi minuti dopo scendono e mi dicono: «Dopo un minuto che stavamo dal prefetto, gli è arrivata una telefonata per dirgli che negli scontri è stato ucciso un poliziotto».
> Ci cade il mondo addosso. Un rappresentante delle forze dell'ordine ucciso dai nostri. Da sempre i più strenui e accaniti difensori dell'autorità e dell'ordine costituito.
> Da quel momento cambia anche il rapporto tra noi e le forze dell'ordine.

Un rapporto molto saldo fino a poche ora prima:

> Il giorno prima accade questo. In vista dell'iniziativa del 12 convoco in via Burlamacchi, la sede del Fronte della Gioventù, un centinaio di giovani militanti.

A differenza dei gruppi di sinistra non volevo che avessimo un servizio d'ordine permanente, perché temevo che potesse aumentare ulteriormente il clima di tensione e violenza.
Ma in vista di ogni iniziativa si formava per l'occasione un servizio d'ordine ad hoc.
Così chiamo i nostri giovani e ci organizziamo.
Mentre stiamo parlando, alcune nostre vedette vengono di corsa per avvisarci che stanno arrivando i compagni.
Usciamo all'esterno e ci sono già alcuni di loro che stanno scrivendo con lo spray «Morte al fascio». Il primo di loro che ha lo spray in mano non finisce di scrivere la frase perché i nostri glielo impediscono.
Ma a distanza vediamo che stanno arrivando e sono molti. Almeno un migliaio.
Quel giorno, a differenza delle altre volte in cui stazionava solo una gazzella dei carabinieri, c'è un camion dell'Arma con un intero reparto in tenuta antisommossa.
I nostri si preparano a difendersi, ma il comandante del reparto, un capitano, ci dice: «Indietreggiate, che ci pensiamo noi».
Dà la carica e i compagni scappano. La scena è questa: i compagni che fuggono verso la Statale, i carabinieri che li inseguono e noi dietro i carabinieri con le bandiere tricolori.
Poi i militari tornano davanti alla nostra sede, dove c'è il loro camion, e nel frattempo io ho fatto schierare come picchetto d'onore, in segno di tributo, i nostri militanti che li salutano applaudendoli. Per dire che clima c'era fino al 12 aprile.
Tornando alla morte del povero agente Marino, sul momento, nemmeno la polizia credeva possibile che fossero stati dei giovani di destra a ucciderlo.
A caldo si era persino sparsa la voce, poi rivelatasi completamente falsa, che vicino all'agente morto avessero trovato una tessera di Lotta Continua, tanto che poche ore dopo i fatti, un gruppo di agenti in borghese fuori servizio, per vendicare il loro collega ucciso, assalta una sede di Lotta Continua.
Poi la verità emerge e sarà gelo tra loro e noi.

Il Movimento sociale è all'angolo, in tutto il Paese sale un'ondata di sdegno e tornano a soffiare forte le richieste di messa fuori legge del partito.

Nel frattempo, soprattutto a Milano, l'attività politica dei giovani missini è ridotta ai minimi termini.

Provammo a organizzare una raccolta di firme su alcuni temi strettamente sociali e poco politici in corso Vittorio Emanuele.
Dopo meno di un'ora la triplice sindacale proclama uno sciopero generale contro di noi.
In piazza scendono 10.000 operai dalle fabbriche milanesi.
La settimana successiva ritentiamo la stessa raccolta di firme, stavolta in territorio, in teoria, più sicuro: in via Mancini, angolo 22 Marzo, praticamente davanti alla federazione provinciale del partito.
Arrivano un migliaio di compagni. Noi saremo stati alcune decine. Parte una sassaiola, resto ferito a una gamba.
A quel punto il grosso del nostro gruppo, su decisione di Giorgio Muggiani, uno degli animatori dei Comitati Tricolori, decide di rifugiarsi dentro l'ufficio di Franco Servello, in via Mancini numero 1, e di chiudere il cancello.
Ma io non sono stato avvertito.
A un certo punto mi volto e dietro di me trovo soltanto il mio vice al Fronte della Gioventù, Antonio Imperatore, la mia fidanzata e due militanti di Monza. Stop. Cinque in tutto.
Il gruppetto di testa dei compagni, una quindicina di persone, chiavi inglesi in mano, parte all'assalto al grido di «Becca La Russa», «Acchiappa La Russa».
E uno di loro ce l'avrebbe fatta se la mia fidanzata non si fosse sostituita a me, prendendosi un colpo sulla spalla.
Ad assistere alla scena ci sono diversi agenti dell'ufficio politico della Questura in borghese ma non intervengono.
C'è anche una pattuglia di due carabinieri in divisa, che invece scendono dall'auto e uno dei due spara alcuni colpi di pistola in aria.
I compagni scappano.

E cosa fanno quelli dell'ufficio politico? Fermano il carabiniere e se lo portano via. Gli dicono: «Ma sei matto? Ti metti a sparare?» E lui: «Ma se non lo facevo questi li ammazzavano».
Non so cosa gli sia successo e non ho mai saputo nemmeno come si chiamasse.
Mi sarebbe piaciuto ritrovarlo e ringraziarlo perché quel giorno ci ha salvato la vita.
Questo per dire che non avevamo più alcuna agibilità politica.
Ma da tutte le situazioni, anche le più brutte, c'è sempre una conseguenza positiva.
L'aspetto positivo della nostra forzata inattività politica fu che mi sono concentrato a studiare e in un anno ho dato 12 esami.
Poi ho scritto la tesi e nel 1975 mi sono laureato in legge.
Quindi ho fatto l'avvocato grazie a quella situazione.

Ma, mentre i missini sono alle corde, i cucchini non si fermano. Anzi.
E proprio uno dei militanti neri che hanno animato la guerriglia del giovedì nero e che poi, messo alle strette, ha denunciato alla polizia alcuni dei capi della rivolta, Cristiano Rosati Piancastelli, 20 anni, sarà a sua volta vittima di un'aggressione tra le più violente.
Sono le 9 del mattino del 15 ottobre 1973: Piancastelli, studente dell'Accademia delle Belle Arti di Brera, sta uscendo da casa per andare a sostenere l'esame di scenografia.
Siamo al civico 32 di via Canonica.
Il giovane fa pochi passi in direzione di piazza Morselli e a quel punto scatta l'aggressione.
Lo circondano in 8, tra loro anche una donna.
La mattanza ha inizio davanti a parecchi passanti.
I colpi di chiave in testa sono numerosi.
Continuano a pestarlo mentre è a terra semisvenuto.
I picchiatori poi si allontanano in direzione di via Alfieri e si dividono.

Lo portano in ambulanza al Fatebenefratelli.

Il referto è chiaro nella sua crudezza: sfondamento parietale, lesione della pleura e fratture di tre costole, nonché grave stato commotivo. Prognosi riservata.

Sarà sottoposto a un delicato intervento chirurgico.

E per giorni non riuscirà a rispondere alle domande della polizia.

La Procura di Milano, vista la violenza dell'agguato, procederà contro ignoti con l'accusa di tentato omicidio.

Il *Corriere* del giorno dopo, in cronaca di Milano, pubblicherà un indignato commento all'aggressione:

> Dunque può accadere che alle nove del mattino sotto gli occhi dei passanti in una zona non certo periferica una persona venga aggredita da una squadraccia [...]. La figura dell'aggredito e le sue parole sembrerebbero indicare in elementi dell'ultrasinistra i protagonisti di questo episodio. Ma non si può escludere, fino a prova contraria, che l'aggressione sia frutto di una faida interna ai gruppi eversivi che presero parte al giovedì nero. Quali che siano le etichette politiche degli autori di questa catena di aggressioni, è certo che essi operano al di fuori della democrazia e della legge. È necessario fermarli. Quello che distingue i picchiatori di cui la cronaca è stata costretta a occuparsi in questi giorni è la loro fredda e spietata decisione. È un connotato che dovrebbe aiutare la polizia a individuare questi professionisti del teppismo. Lasciare loro continuare queste imprese non avrebbe altro significato per costoro che quello di un colpevole incoraggiamento.

Piancastelli, che negli anni diventerà un famoso antiquario, tornerà agli onori della cronaca molto tempo dopo, per aver raccontato al giudice Guido Salvini dei retroscena clamorosi sulla strage di piazza Fontana.

In sintesi, ha confessato che suo padre, investigatore

privato che lavorava per l'agenzia di Tom Ponzi, fu testimone diretto della strage, organizzata da estremisti di destra e sostenuta da servizi segreti italiani e statunitensi. E che, venuto a conoscenza di quella operazione, si recò con alcuni suoi colleghi davanti alla Banca dell'Agricoltura, riprendendo con una cinepresa di nascosto l'arrivo del commando che depositò la bomba sotto il tavolo al centro della banca.

Ma torniamo alla sua selvaggia aggressione.

Ho cercato, grazie a Guido Salvini, di rintracciare Piancastelli, per incontrarlo e chiedergli, a distanza di tanti anni, di trasmettermi i suoi ricordi.

Dopo una serie di mail senza risposta, il 15 gennaio 2023 gli ho scritto su WhatsApp e questa è stata la sua risposta:

> Gentilissimo dottor Rao, confesso che sono rimasto alcuni minuti in attesa di risponderle perché, sia per natura, sia per riconoscenza verso il giudice Salvini, ove io ho potuto contribuire a chiarire, dal mio punto di vista e con il mio limitato bagaglio esperienziale, qualche episodio, l'ho sempre fatto volentieri.
> Purtroppo la vecchiaia non aiuta a parlare di certe persone e di certi fatti che ho conosciuto e mi provoca problemi di salute.
> Dunque, a malincuore devo rinunciare a incontrarla.

Mi dispiace, rispondo a Piancastelli, e spero che lei possa presto sentirsi meglio.

Le posso solo chiedere se i suoi aggressori sono mai stati identificati e condannati?

Piancastelli:

> Quando quella mattina sono uscito di casa, ho visto un gruppo di persone che mi veniva addosso a colpi di spranga e di chiave inglese.
> La basista che fornì le coordinate loco-temporali per la mia

aggressione era una mia fiamma del '68, al Liceo artistico di Brera, primo anno.
Io orientato a destra, lei una autentica maoista convinta.
In quei giorni studiava anche lei, come me, all'Accademia di Brera.
No, i magistrati non individuarono nessuno dei miei aggressori anche se a me fu subito chiaro chi fossero e a quale gruppo appartenessero.

«Vale a dire?» aggiungo. E lui:

Il Movimento Studentesco di Capanna.

Dicevamo del fascino che i Katanga esercitano tra i giovani di sinistra della città in quei mesi.

E anche della rivalità molto forte e sentita con gli altri gruppi dell'estrema sinistra, a cominciare da Lotta Continua, ma soprattutto Avanguardia Operaia.

In non poche occasioni ci saranno anche scontri fisici tra le diverse organizzazioni per il controllo delle facoltà universitarie e per l'egemonia cittadina.

Sentiamo Mario Ferrandi su questo:

Io che stavo in Lotta Continua vedevo che da noi si usavano i manici di piccone come arma per autodifesa, i cosiddetti Stalin.
Le chiavi inglesi partirono dal Movimento Studentesco anche se negli anni poi cominciarono a usarle anche altri gruppi.
Ma nei miei ricordi sono più gli scontri tra servizi d'ordine di estrema sinistra che non i cucchini ai singoli fascisti che erano soprattutto prerogativa del Movimento Studentesco.
Anzi, dico di più, ci furono anche parecchi cucchini frutto di faide interne ai nostri gruppi.
C'era una guerra totale tra di noi soprattutto per questioni di egemonia territoriale.
Una volta erano venuti in migliaia dalla Francia, erano ade-

renti alla Quarta internazionale. Il Partito marxista-leninista, quelli di Servire il Popolo, i maoisti di Aldo Brandirali, gli tesero un agguato.
Li attaccarono pesantemente, fu un massacro.

La rivalità più forte a sinistra, come abbiamo visto, resta quella tra Movimento Studentesco e Avanguardia Operaia.

Mentre la Statale è il feudo del Movimento Studentesco, le facoltà scientifiche di Città Studi sono egemonizzate da Avanguardia Operaia. Che però in questo 1973 ha un problema serio: non si è dotata di un vero e proprio servizio d'ordine, come quello militarmente organizzato del Movimento Studentesco.

Il bubbone scoppierà presto.

In occasione del quarto anniversario delle strage di piazza Fontana, il 12 dicembre 1973.

Nei giorni precedenti, i tentativi di Avanguardia Operaia di entrare alla Statale e fare proseliti sono stati respinti violentemente dai Katanga.

Quel giorno, in piazza Fontana è previsto il comizio del leader della resistenza ai colonnelli greci, Andreas Papandreu.

E proprio mentre parla Papandreu accadde il fattaccio.

Le squadre di Katanga attaccano i militanti di Avanguardia Operaia. Al grido di «Stalin, Beria, *Ghe-pe-u*, il trotzkismo non c'è più». A colpi di chiavi inglesi.

È una carneficina.

Decine di ragazze e ragazzi feriti.

Molti dei quali, come sempre in quei casi, medicati da sanitari compiacenti per non denunciare l'aggressione.

Ma in otto finiranno in ospedale.

E uno in prognosi riservata: Claudio Varisco con la frattura della mandibola sinistra e un importante trauma cranico.

Il giovane verrà trasferito al padiglione neurochirurgico «Beretta» del Policlinico di Milano. Ne risentiremo parlare.

Avanguardia Operaia denuncia con queste parole l'aggressione:

> La manifestazione della serata è stata turbata da una gravissima provocazione preordinata da elementi capanniani. Irresponsabilmente costoro, mentre parlava il compagno Papandreu, attaccavano i compagni che ascoltavano il comizio gremendo la piazza. I provocatori hanno fatto uso di chiavi inglesi e di uncini d'acciaio e hanno scagliato bulloni e sanpietrini.

Pier Vito Antoniazzi è uno dei politici più noti e stimati della sinistra milanese e lombarda. Consigliere comunale e regionale dei Verdi per molti anni. Ma prima ancora è stato uno dei capi di Avanguardia Operaia.

Ecco cosa ricorda degli scontri di piazza Fontana:

> Un paio di volte il nostro sparuto e debole servizio d'ordine fece la cazzata di provare a entrare alla Statale.
> La seconda volta accadde nel dicembre 1973.
> Furono pesantemente aggrediti e cacciati dal Movimento Studentesco. Poi accaddero i fatti di piazza Fontana.
> Tra gli sprangati a colpi di chiave inglese anche il mio amico Emilio Genovesi, mio vice alla guida del servizio d'ordine degli studenti medi di Avanguardia Operaia.
> Dopo quella volta in molti dentro il movimento si convinsero che per reggere agli assalti dei katanghesi, anche noi dovessimo dotarci di una struttura di autodifesa più organizzata e militarmente più pesante.
> Noi sentivamo forte la concorrenza con il Movimento Studentesco, soprattutto dal punto di vista militare. Circolava anche una canzone, che intonavano loro: ci chiamano con disprezzo

la brigata lepre, ci accusavano di vigliaccheria e di incapacità negli scontri di piazza.[11]

Ma una delle testimonianze più forti degli scontri di piazza Fontana verrà molti anni dopo da Marco Costa, uno dei capi del servizio d'ordine di Medicina di Avanguardia Operaia, proprio al processo Ramelli:

> Ero arrivato in terza liceo, ero diventato responsabile di Avanguardia Operaia per la mia scuola e tenevo contatti con quelli delle altre scuole in riunioni che tenevamo in via Vetere, allora questo organismo si chiamava Comitato di Agitazione e raccoglieva i responsabili dei vari Cub. Avevo scelto di simpatizzare per Avanguardia Operaia per questo motivo: io vedevo che c'era una grande conflittualità tra i vari gruppi della sinistra. Una grande litigiosità. A parole, ma a volte anche con i fatti. Non riuscivo a capirne le ragioni perché per me eravamo tutti compagni e basta.
> Mi dava fastidio questo e accettai di simpatizzare per Ao perché era l'unico gruppo che non era presente nel mio liceo e anche perché chi mi avvicinò per primo aveva un atteggiamento di estrema serenità per cui mi dava fiducia. E infatti entrai a far parte di questo Comitato di Agitazione vicino ad Ao. In quelle riunioni cominciai a entrare in contatto con la necessità, allora avvertita da molti, di costituire dei gruppi di autodifesa. Quelli che poi verranno chiamati i servizi d'ordine e ci fu chiesto se anche noi del Volta avremmo potuto contribuire a questi gruppi. Tutti quanti i simpatizzanti di Ao, compagni maschi, aderimmo a questa iniziativa. Eravamo cinque o sei. E concretamente questo voleva dire che quando durante le manifestazioni partivamo per andare a concentrarci in piazza del Duomo o in altri posti, andavano con la nostra scuola insieme ad altri studenti anche di altri gruppi e poi ci accodavamo a un gruppo più omogeneo che allora era formato da noi

11 Incontro con l'autore a Milano il 10 novembre 2023.

del Volta, da ragazzi del Virgilio, del Carducci, del Settimo e del Molinari. E allora tiravamo fuori le nostre bandiere e con le aste di queste bandiere pensavamo di difenderci. Il nostro compito era quello di mantenere un regolare svolgimento del corteo. Eravamo anche molto giovani perché avevamo tutti 16-17 anni.

E in questo clima si arriva al 12 dicembre 1973. Sentiamo ancora Costa:

Quando parlavo di litigiosità tra i gruppi, ora vorrei continuare, parlando di un episodio che mi ha colpito personalmente e anche fisicamente, proprio a testimonianza di questo clima. Mi riferisco agli scontri, anzi all'aggressione che avvenne in piazza Fontana da parte del Movimento Studentesco della Statale contro di noi. C'era stato un precedente qualche giorno prima: in Statale erano già avvenuti dei tafferugli tra Avanguardia Operaia e Ms. Il giorno dopo tutti quanti ci trovammo compatti, ci schierammo sotto il palco in piazza Fontana. C'era un comizio, tutti pronti a testimoniare la nostra presenza. Pronti a difenderci. E a un certo punto vidi del parapiglia dalla zona dell'Arengario. Vidi del movimento. Il nostro responsabile allora ci disse: «State pronti, compagni». Di solito a sentire questa frase il cuore faceva un salto in gola, le gambe cominciavano a tremare perché si prevedeva che ci sarebbe potuto essere qualche cosa di violento. Io arrotolai la mia bandiera, ma mentre facevo questo, mi accorsi che tutti intorno a me stavano scappando e vidi venirmi incontro alcuni ragazzi che avevano delle chiavi inglesi. Prima di allora non le avevo mai viste. Avevo visto i tondini di ferro, ma non le chiavi inglesi. E uno di questi cercò di colpirmi in testa, alzai il braccio sinistro per difendermi e poi mi girai per scappare. Fui colpito alla testa. E poi caddi su un mucchio di compagni che erano caduti in precedenza. Ci furono molti feriti in quella occasione anche se poi quasi nessuno ricorse alle cure dei medici. Mi ricordo che almeno otto persone furono gravemente ferite. Un ragazzo,

che si chiamava Varisco, rimase in coma per alcuni giorni. Tutti ragazzi che simpatizzavano per la mia organizzazione. Io ne ricavai un piccolo taglio alla testa e una frattura al polso. Neanche io mi feci vedere in ospedale.
Ricordo che poi il giorno dopo non era tanto il dolore in quel momento a darmi fastidio, quanto l'amarezza, perché non capivo. CI ritrovammo sotto il palco, alcuni piangevano, altri sanguinavano, a cantare *Bandiera rossa*. Sembrava assurdo, perché anche gli altri cantavano *Bandiera rossa*. Il giorno dopo, nonostante avessi il braccio al collo, andai a scuola e mi sentivo un mezzo eroe per quello che era successo. E questa era a fine del quinto anno del liceo.

Questo il ricordo degli aggrediti.
Spostiamoci ora dalla parte degli aggressori e sentiamo il loro capo, Mario Martucci:

Quel giorno noi avevamo il compito di coprire e proteggere il comizio del compagno greco.
Loro si misero in mezzo, tentarono di non farci entrare nella piazza e allora successe l'inevitabile. E cioè che a chiavate li cacciammo noi.
Siccome non erano molto abili, le presero di santa ragione. Li guidava un tal Ferrari che non era un granché, né politicamente, né militarmente.
Erano i mesi della conflittualità tra i gruppi di sinistra per la conquista della supremazia egemonica dentro il Movimento.
Noi eravamo senza dubbio la forza più compatta, più temibile e, fino a un certo momento, anche la più numerosa.

Come ha già ricordato Antoniazzi, l'assalto di piazza Fontana costituirà un momento chiave per l'escalation violenta dei gruppi di sinistra.

Lo strapotere militare dei Katanga e la mattanza di piazza Fontana portano i loro nemici (e vittime) principali, cioè quelli di Avanguardia Operaia, a correre ai ripari e innalzare a loro volta il livello di conflittualità.

Sentiamo ancora la testimonianza di Costa al processo Ramelli:

> Dopo questo episodio, ci furono dei cambiamenti nei nostri servizi d'ordine. Cambiamenti nel senso che vennero escluse le ragazze. Fino ad allora nei servizi d'ordine entravano quasi tutti quelli che volevano e c'erano anche le ragazze. Ma a quel punto fu deciso di escluderle anche perché durante i terribili momenti di piazza Fontana, del pestaggio di piazza Fontana, ricordo che c'era una ragazza, a sua volta componente del servizio d'ordine, che non seppe fare altro che abbracciarsi al suo compagno e tutti e due furono picchiati insieme, in quella posizione. Ci fu un cambiamento. Ci fu proposto di comprare delle chiavi inglesi a nostra volta. E verso la fine della quinta liceo io comprai la chiave inglese che poi tenni quando entrai dopo in università. Mi iscrissi all'università e verso metà novembre 1974, mi contattò telefonicamente Flavia Donati che era la responsabile della cellula. Sapeva che ero di Avanguardia Operaia, avevo già la tessera, e mi chiese se potessi collaborare con loro ed entrare nella cellula di Medicina. Accettai molto volentieri e cominciai a partecipare alle prime riunioni.

Fermiamoci qui.

Siamo a fine 1974 e, come abbiamo visto, anche Avanguardia Operaia riorganizza il proprio servizio d'ordine su modello di quello del Movimento Studentesco. Più strutturato, più militarizzato, più armato: si passa dalle aste delle bandiere alle terribili chiavi inglesi.

Questo sulla strada e nelle piazze.

Ma se ci allontaniamo un po' e guardiamo cosa si sta accendendo ai piani superiori, in Italia e nel mondo, allora possiamo renderci conto che i focolai sono tanti e che la prateria sta per prendere fuoco.

3

1974: l'anno delle stragi. La prateria in fiamme

L'11 settembre 1973, mentre in Vietnam si continua a morire – nonostante gli Stati Uniti abbiano ritirato gran parte dei propri contingenti – da un altro punto del pianeta arrivano immagini pazzesche.

In uno dei più sconosciuti e misteriosi Paesi dell'America Latina, il Cile, si sta consumando l'ennesimo colpo di Stato.

Ma un conto è sentirne parlare, un altro è vederlo quasi in diretta.

Una giunta militare, guidata dal capo di Stato maggiore dell'esercito, generale Augusto Pinochet Ugarte, ha deposto il presidente della Repubblica, regolarmente eletto, il socialista Salvador Allende.

Dicevamo delle immagini.

Jet che sfrecciano sopra Santiago, bombardando il palazzo presidenziale della Moneda.

E poi una foto che farà il giro del mondo. Il presidente Allende, con un elmetto in testa, nascosto nei sotterranei della Moneda, protetto dalle sue ultime guardie del corpo, armi in pugno, prima di suicidarsi per non finire nelle mani dei rivoltosi.

Il golpe cileno avrà ricadute pesanti sia nei rapporti – già pessimi – tra Mosca e Washington (i sovietici, e non solo, accuseranno gli Usa di essere i burattinai di Pinochet e i mandanti del golpe) ma anche in Europa e ovviamente in Italia.

Mentre la destra missina esulta, per aver trovato un nuovo idolo da esaltare, come baluardo contro il comunismo nel mondo, a sinistra e non solo si torna a temere un colpo di Stato. Dopo quello fallito dal principe Borghese alla fine del 1970.

E così la paura di quella che Almirante aveva definito «soluzione di forza» attraverserà tutto il 1974.

Un altro *annus horribilis*.

Accanto a questi macrofenomeni, se torniamo sulla strada milanese, la musica non cambia.

Anzi, aumenta di ritmo e di intensità.

Il 19 gennaio il diciottenne Fabrizio Angelo Mingozzi, studente al quarto anno di liceo scientifico, viene aggredito in piazza San Carlo con la solita pratica e con le solite chiavate in testa.

Prognosi riservata al padiglione Beretta del Policlinico.

Due giorni dopo, altro cucchino.

A farne le spese stavolta, in viale Cermenate, è il diciassettenne Vincenzo Savasta, studente dell'Istituto tecnico Torricelli.

In sette lo lasciano a terra dopo averlo cucchinato con chiavi e spranghe.

Sarà più fortunato di Mingozzi: prognosi di «soli» dieci giorni.

Febbraio e marzo sono mesi di caccia libera in questa Milano del 1974.

Saranno ben dieci i giovani cucchinati solo a febbraio.

Tutti dovranno ricorrere alle cure mediche. Alcuni di loro non fanno attività politica.

Uno, Raimondo Boccia, studente al Leone XIII, ha la

sola colpa, udite udite, di essere iscritto al Partito repubblicano italiano.

Forse per questo la sua razione di chiavate è ridotta: «appena» cinque giorni di prognosi.

In marzo stesso copione.

Il 2 tocca al diciannovenne Gianni Passerini: le chiavi lo mandano in ospedale per dieci giorni.

Il 9 marzo giornata particolarmente calda. In mattinata il quattordicenne Daniele Crespi, matricola al Settimo liceo scientifico, viene circondato e chiavato da sei giovani.

Finirà al Beretta con prognosi di 20 giorni.

Nel pomeriggio i Katanga si scatenano.

Escono dalla Statale e danno il via alla mattanza.

Quelli che hanno la peggio sono Andrea Bignotti, 17 anni, e Mario Giordano di 16, che in via Larga finiscono sotto le chiavi di una quindicina di persone.

Prognosi di oltre dieci giorni per entrambi.

Passano due giorni e sotto a chi tocca.

Stavolta è il turno di un militante abbastanza noto del Fronte della Gioventù, Sergio Frittoli.

Lo aggrediscono in dieci, tutti rigorosamente dotati di chiavi inglesi, Hazet 36, lunghe mezzo metro e pesanti quasi tre chili.

Dritto dritto al Beretta: cranio sfondato e prognosi strettamente riservata.

Il pestaggio avviene a pochi passi dalla federazione missina di via Mancini, dalla quale Frittoli, insieme ad altri militanti, era uscito per diffondere un giornale di destra.

L'aggressione stavolta è troppo violenta e la vittima troppo nota per passare inosservata.

Se ne occupa il *Corriere della Sera*, nelle pagine milanesi, anche se dalla ricostruzione del quotidiano sembra quasi che lo scontro sia stato casuale e avvenuto ad «armi pari». Ma leggiamolo insieme:

> Sergio Frittoli, 23 anni, attivista del Fronte della Gioventù, l'organizzazione giovanile del Msi, è stato gravemente ferito ieri sera, poco dopo le 19, in corso 22 Marzo, a una trentina di metri dall'angolo con via Mancini, dove ha sede la federazione provinciale missina. Il Frittoli è stato prima colpito da qualche corpo contundente, è caduto ed è stato subito raggiunto da un gruppo di una decina di giovani che lo hanno colpito con spranghe di ferro alla testa. L'attivista ferito è stato ricoverato d'urgenza al reparto neurochirurgico «Paolo Beretta» del Policlinico, dove i medici, che si sono riservati la prognosi, hanno rilevato l'affondamento dell'osso frontale sinistro, una serie di ferite e abrasioni al volto, avulsione di alcuni denti.
> Ed ecco la ricostruzione dell'episodio di violenza. Alle sette un gruppo di una decina di attivisti missini stava distribuendo all'angolo tra corso 22 Marzo e piazza Cinque Giornate un numero del giornale *Rivolta Ideale*. Secondo la versione fornita in serata dalla Questura milanese, insieme con gli attivisti missini c'erano anche alcuni giovani di Avanguardia Nazionale. A un tratto si è avvicinato un gruppo di extraparlamentari di sinistra: c'è stata una rapida zuffa. Poi i diffusori del giornale di destra sono fuggiti verso la federazione di via Mancini: contro i giovani di destra il commando dell'ultrasinistra ha lanciato anche una serie di corpi contundenti. Sicuramente pietre. Un passante che stava attraversando la strada ha detto di aver visto pietre piatte come quelle della spiaggia. Secondo altre testimonianze, gli aggressori avrebbero lanciato anche biglie di ferro. Poi il pestaggio. Al Policlinico, dove il ferito è stato rapidamente trasportato, gli sono state praticate abbondanti trasfusioni di sangue. Al momento di andare in macchina, i medici stanno cercando di stabilire l'opportunità o meno di un immediato intervento chirurgico al capo.
> Sergio Frittoli è un attivista abbastanza noto del Movimento sociale. Fu uno dei testimoni chiamati in causa dalla magistra-

tura per l'inchiesta sul giovedì nero. Sull'episodio di violenza, il Movimento sociale ha diffuso un comunicato in cui si afferma: «Di fronte alla gravità della situazione, l'Msi-dn rinnova la propria denuncia precisando l'esigenza che la tutela dei cittadini sia decisamente garantita e le bande terroristiche armate vengano eliminate dalla città.

Il giorno dopo, un giovane in cerca di lavoro, che vive a Como, prende il treno, arriva alla Stazione Centrale e comincia a girovagare là intorno, chiedendo a negozi e uffici se abbiano bisogno di personale.

Si chiama Giorgio Gasparetti e non sa che si trova al posto sbagliato nel momento sbagliato.

E, soprattutto, che calza le scarpe sbagliate.

Perché portare le Barrow's bordeaux a punta a Milano, di questi tempi, è un'impresa rischiosa. All'uscita da un bar in piazza Fontana una squadra della «polizia etica» della Statale lo intercetta e scatta immediato il cucchino.

Finisce in ospedale con dieci giorni di prognosi.

Altro cucchino il 13 marzo davanti alla sede dell'Anpi.

Vittima: Antonio Castellario, dieci giorni di prognosi.

Tre giorni dopo, di nuovo i pasdaran della Statale in azione.

Anche qui un giovane, Siro Gallotti, viene chiavato in corso 22 Marzo, per colpa del suo look.

Anche qui dieci giorni di prognosi.

Poche ore dopo, in piazza Piola, tocca al ventenne Donato Gentile saggiare il metallo delle chiavi katanghesi.

Ancora cucchini il 22 marzo in via Medeghino e il 31 marzo, con doppia aggressione in via Larga e piazza Santo Stefano: diversi feriti, il più grave dei quali è il ventunenne Franco Mizzia, con prognosi di 15 giorni.

Qualche giorno prima, a finire a terra era stato un giovane militante del Pci, figlio del giornalista Lualdi dell'*A*-

vanti!: a cucchinarlo un commando di Avanguardia Operaia.

Il 1° aprile altro fattaccio.

Paolo Ceci ha sedici anni e vive in via Canonica.

Come tutte le mattine, esce di casa per andare a scuola, il Nono istituto tecnico che sta in via Arsia.

Ma quel giorno a scuola non ci arriverà mai.

Perché lo aspettano in sette, con le solite chiavi di ordinanza.

Stavolta non si fermano e non si risparmiano.

Il giovane, sfigurato, viene portato di corsa al Beretta.

La diagnosi: frattura del massiccio facciale, trauma cranico, ferite lacero-contuse multiple, distacco osseo della spalla sinistra. Prognosi riservata.

Ma la cosa più incredibile è che il giovane non ha mai fatto attività politica. Forse un errore di persona.

Anche di questa aggressione, pur nel *mare magnum* di fatti analoghi, la cronaca non può non occuparsi.

Sempre nella cronaca milanese del *Corriere della Sera* del giorno dopo, compare un grande articolo (compresa una foto raccapricciante del volto sfigurato del giovane), dal titolo: «Picchiato e sfigurato uno studente. Agguato sotto casa di un commando di ultrà di sinistra».

Accanto al pezzo di cronaca, compare un commento che rispecchia la linea del giornale, firmato non da uno qualunque, ma da Giorgio Santerini, uno dei più noti cronisti in circolazione.

Si intitola: «Una città dimenticata?»

Scorriamone alcuni passi:

> Un altro ragazzo aggredito e spietatamente ferito al volto. Che pensare di questo nuovo episodio di violenza politica? Il ripetersi dei sentimenti, delle condanne, dei documenti di pro-

testa, francamente, rischia di apparire un «rito»: una formale sequenza di fatti che «accompagna» questi adolescenti colpiti in mezzo alle strade della città. E che non modifica mai, neppure scalfisce, una realtà più forte: quella della violenza che si manifesta, si ripete e si dilegua. Forse la sensazione che è più giusto trattenere, in questo momento, è la certezza, che tutti hanno, ora, a poca distanza dall'atto criminale. La certezza è che non sarà l'ultima. E l'errore più grave, in questa situazione, sarebbe quello di precipitare in una sorta di fatalismo, ovvero che contro questa onda della violenza che ritorna non vi sia niente da fare [...].
Milano è stata scelta oggettivamente come laboratorio da tutti coloro che vogliono accrescere la tensione nel Paese. Questa considerazione non è più soltanto un giudizio, ma è una situazione di fatto. È necessario però non fermarsi soltanto a questo punto, bisogna chiedersi: cosa ha contrapposto il potere, ovvero il governo nel suo insieme, a questa criminalità certamente nuova? Oggi, a Milano, la situazione è in crisi: lo dicono i magistrati. La Questura non può certo nascondersi questa realtà. Perché è in crisi la giustizia a Milano? Solo perché si trova nella stessa situazione delle altre città italiane? Le difficoltà della giustizia a Milano sono identiche a quelle della Procura di Bologna e di Venezia? Non sono le stesse [...]. Di nuovo a Milano vi è l'istituzione della violenza politica, che non è un fatto locale, provinciale, anche se ha delle ragioni di tipo contingente. È questa novità della violenza politica, nel suo insieme, contro la quale nulla può l'operosità della Questura e dei pochissimi magistrati [...]. Quando da anni gli stessi episodi si ripetono, dagli attentati all'esplosione delle bombe, ai pestaggi criminali, non deve essere forse il Ministero dell'Interno a preoccuparsi? Questi interrogativi, che sono inquietanti, inducono a una riflessione: il problema di fondo non è dentro questa città, ma fuori di qui. È nel modo di governare il Paese. Milano sembra troppo lontana da Roma, una specie di Gallia i cui avvenimenti possono interessare qualche proconsole, non di più. Nessuno chiede privilegi, attenzioni maggiori a una

città piuttosto che a un'altra. Ma è evidente che il nodo milanese, che in apparenza, in superficie, è quello della nuova criminalità, nella realtà è invece quello dell'ordine pubblico. I cui nuovi connotati si esprimono a Milano. C'è un modo senza precedenti di delinquere e questa complessa maniera nuova si esprime qui, a Milano. Non è un problema che possano affrontare soltanto 29 magistrati della Procura, 3.000 agenti di via Fatebenefratelli. Siamo di fronte a interrogativi politici, che interessano tutta la società civile. L'inchiesta parlamentare sulle università milanesi sarebbe una chiacchierata se non servisse anche per un esame di coscienza più profondo. Che deve coinvolgere le forze di opposizione costituzionale. È logico che, se si vogliono mutare le cose, si cominci da quelle più difficili. Perché non iniziare dalla violenza politica di Milano?

Le parole di Santerini (capocronista al *Corriere*, più avanti presidente dell'Associazione lombarda dei Giornalisti e successivamente anche segretario della Federazione nazionale della Stampa italiana) colgono il cuore del problema.

La violenza politica che sta dilagando in città non è più e non solo un tema di ordine pubblico e tantomeno un'emergenza locale o cittadina.

È la punta di un iceberg che sta per emergere in tutta la sua tragicità e che sta per travolgere tutto il Paese.

Lasciamo il piano strada e saliamo di livello.

Perché in questa primavera del 1974 accadono tante cose, in Italia e nel mondo.

Da noi si radicalizza lo scontro politico intorno al referendum sull'abrogazione del divorzio.

Da una parte Democrazia cristiana e Movimento sociale schierati per il sì (con non poche perplessità ed eccezioni, a cominciare da quella del segretario missino Almirante che vive con una donna ancora regolarmente sposata con un altro uomo), dall'altra tutti gli altri partiti, guidati da quelli di sinistra.

Ad arroventare ulteriormente la tensione, entrando di fatto a piedi uniti nella campagna elettorale, ci pensano le Brigate Rosse, fino a quel momento uno dei tanti gruppi della galassia dell'ultrasinistra, che decidono di fare il salto di qualità.

Il 18 aprile, a meno di un mese dal referendum sul divorzio, un loro commando rapisce a Genova il sostituto procuratore Mario Sossi, magistrato notoriamente e dichiaratamente di destra.

Per il suo rilascio, le Br chiedono la scarcerazione degli otto militanti del gruppo 22 Ottobre, una banda a cavallo tra la criminalità e la politica, che aveva ucciso una guardia giurata durante una rapina in banca qualche anno prima.

Le foto del prigioniero e gli interrogatori subiti da Sossi nella prigione del popolo hanno un'eco mediatica clamorosa, che moltiplica la popolarità delle Br e ne accresce il peso all'interno dell'estrema sinistra.

I brigatisti aspettano che il 12 maggio si celebri il referendum sul divorzio, con netta vittoria delle forze laiche e divorziste, poi danno un ultimatum allo Stato: subito liberi i compagni della 22 Ottobre, oppure Sossi la pagherà cara.

Pur di salvare uno di loro, i magistrati della Corte d'Appello di Genova, il 20 maggio, firmano il decreto di scarcerazione dei membri della 22 Ottobre.

E tre giorni dopo le Br liberano Sossi, rilasciandolo a Milano.

Ma a quel punto il procuratore generale presso la Corte d'Appello del capoluogo ligure, Francesco Coco, impugna la decisione della stessa Corte, sostenendo che Sossi non è stato rilasciato incolume, come promesso dalle Br, ma con una costola fratturata, e così gli otto restano in gattabuia.

Le Br la prendono come una vera e propria truffa e meditano una vendetta che consumeranno due anni dopo, falciando a colpi di mitra sia Coco, sia i suoi agenti di scorta.

Ma, parallelamente alle azioni delle Br, ci sono altri mondi che si muovono.

E che si agitano.

In particolare quello dei partigiani bianchi e anticomunisti della Resistenza, che in questi mesi tentano di dar vita a due diversi colpi di Stato.

Uno fa capo a Carlo Fumagalli, il mitico Jordan della guerra di Liberazione, medaglia al valore. Da qualche anno ha fondato un gruppo che si chiama Mar, Movimento di Azione Rivoluzionaria.

Obiettivo del Mar è quello di combattere e sconfiggere il comunismo in tutti i modi.

Fumagalli è uno determinato.

Si definisce «estremista di centro» e non disdegna la preparazione di azioni armate per fermare quello che definisce «il pericolo più grande per la democrazia».

Il suo braccio destro è l'ex socialdemocratico Gaetano Orlando.

Nel giro di qualche settimana finiranno tutti al gabbio prima che il loro sogno diventi realtà.

Un altro ex partigiano che si agita molto è Edgardo Sogno, a sua volta decorato della Resistenza, un aristocratico piemontese da sempre legato ad ambienti monarchici e militari.

Anche per lui l'ossessione è quella di contrastare con ogni mezzo l'avanzata del comunismo.

In realtà il suo vero obiettivo è il rafforzamento dell'esecutivo, non quello di prendere il potere.

Ma intanto il pubblico ministero torinese Luciano Violante (legato al Pci) lo fa arrestare insieme al suo gruppo, proprio con l'accusa di tentato golpe.

Si farà un mese e mezzo di galera e la cosa finirà là.

Ma accanto a sogni più o meno realizzabili si muovono forze ben più violente e pericolose.

La miccia la innesca un'esplosione improvvisa che rompe il silenzio notturno nel centro di Brescia.

Alle 3 di notte del 19 maggio, in piazza del Mercato scoppia una bomba.

In quel momento passa un metronotte, che, sentito il botto, si avvicina alla zona dell'esplosione. È saltata in aria una Vespa e il mezzo è ancora in fiamme.

Si avvicina e scopre a pochi metri il cadavere dell'occupante. Dilaniato dallo scoppio.

Si chiamava Silvio Ferrari, aveva 22 anni ed era uno dei più noti neofascisti della città.

Militante di quel che restava del Movimento Politico Ordine Nuovo, sciolto per legge alla fine del '73 e rinato sotto altro nome, intorno al giornale *Anno Zero*.

Accanto al cadavere mutilato, il metronotte scopre una pistola e cinque copie proprio di *Anno Zero*.

La bomba che Ferrari stava trasportando, presumibilmente da collocare in qualche sede di sinistra o qualche redazione di giornale, era appoggiata sulla pedana della Vespa ed è esplosa, come stabiliranno i magistrati, «per un macroscopico errore di puntamento della sveglia e per il fatto che il trasportatore non era a conoscenza dell'ora dello scoppio».

C'è del mistero nella vicenda, perché è piuttosto strano che un attentatore non conosca l'ora in cui è stata programmata l'esplosione della bomba che sta trasportando, a meno che chi gliel'ha consegnata non gli abbia deliberatamente mentito per farlo saltare in aria.

In ogni caso, questa morte darà il via a un'escalation di violenze in città.

Due giorni dopo, Brescia è in stato d'assedio.

Stanno per celebrarsi i funerali di Ferrari e si prevedono scontri con i suoi camerati.

In realtà quel giorno ci saranno tensioni e scontri sia tra la polizia e i neofascisti, sia tra le forze dell'ordine e i militanti di estrema sinistra che tentano di impedire le esequie.

Il 23 maggio il comitato antifascista, insieme ai partiti laici e di sinistra e ai sindacati confederali, indice per martedì 28 maggio in piazza della Loggia, il cuore della città, una manifestazione contro la violenza fascista.

La mattina del 28 maggio piove. Mentre si susseguono gli interventi degli oratori dal palco, alle 10.12, sul lato est della piazza, sotto i portici, esplode la bomba.

Sarà una carneficina: 8 morti e 104 feriti.

Questa di Brescia è forse la meno misteriosa delle stragi, almeno come matrice e come motivazione: una bomba fascista collocata in una manifestazione di nemici dichiarati, di antifascisti.

E alla fine i magistrati di Brescia individueranno anche alcuni dei responsabili, giovanissimi militanti veneti legati al Movimento Politico Ordine Nuovo e ad *Anno Zero*, lo stesso ambiente di Ferrari, aiutati da camerati locali con la copertura di agenti dei servizi infiltrati tra i fascisti (o forse anche il contrario).

La rabbia antifascista esplode in tutta Italia.

Gruppi dell'ultrasinistra assaltano e bruciano molte sezioni del Msi e della Cisnal, accusate – senza alcuna ragione aggiungiamo noi – di essere legate e colluse con gli stragisti di Brescia.

Del resto il sillogismo di questi anni è stringente e non ammette sfumature o distinguo: la strage è fascista – il Msi è il partito dei fascisti – il Msi è responsabile della strage.

Ovviamente non è così, ma ormai la logica e la lucidità stanno sempre più lasciando il passo alla follia e alla voglia di vendetta.

Con queste premesse, le Brigate Rosse decidono di intercettare la rabbia dei movimenti di estrema sinistra e di inserirsi nella logica dell'antifascismo militante, per indirizzarne e guidarne il percorso.

La mattina del 17 giugno, a venti giorni dalla strage, un commando di cinque brigatisti entra e occupa all'improvviso la sede della federazione provinciale del Msi di Padova, in via Zabarella.

Un uomo resta alla guida dell'auto. Un altro, di copertura, si piazza di fronte all'ingresso della sede.

Gli altri tre (due uomini e una donna) si dirigono all'interno.

La donna resta fuori dalla porta e i due irrompono, armi in pugno, dentro la federazione.

In quel momento in sede ci sono solo due persone: Giuseppe Mazzola, 60 anni, carabiniere in pensione, e Graziano Giralucci, 29 anni, agente di commercio e giocatore di rugby.

Giralucci è coraggioso, si lancia contro uno dei due brigatisti che gli spara a bruciapelo.

Poi spara anche a Mazzola.

Quindi li finisce con il colpo di grazia.

Anche se questi due omicidi non erano stati preventivati, si tratta dei due primi morti fatti dalle Br.

Dopo alcuni giorni l'organizzazione diffonderà il volantino di rivendicazione.

Ecco come comincia:

Lunedì 17 giugno un nucleo armato delle Brigate Rosse ha occupato la sede provinciale del Msi di Padova in via Zabarella. I due fascisti presenti, avendo violentemente reagito, sono stati giustiziati. Il Msi di Padova è la fucina da cui escono e sono usciti protagonisti del terrorismo antiproletario di questi ultimi anni. Freda e Fachini hanno imparato lì il mestiere di assassini e i dirigenti di questa federazione (Luci Switch, Marinoni) hanno diretto le trame nere dalla strage di piazza Fontana in poi. Il loro delitto più recente è la strage di Brescia.

Ecco spiegato il motivo della scelta proprio della federazione missina di Padova e il legame con la strage di Brescia. Il volantino si conclude con una serie di slogan:

LE SEDI DEL MSI NON SONO PIÙ INVIOLABILI ROCCAFORTI NERE!
NESSUN FASCISTA PUÒ PIÙ CONSIDERARSI SICURO!
NESSUN CRIMINE FASCISTA RIMARRÀ IMPUNITO!
PORTARE L'ATTACCO AL CUORE DELLO STATO
LOTTA ARMATA PER IL COMUNISMO
MARTEDÌ 18 GIUGNO 1974. BRIGATE ROSSE

Per giorni giornali e partiti di sinistra dubiteranno dell'attendibilità di questa rivendicazione, ma dovranno accettarla e ammetterla quando tre mesi dopo, l'8 settembre, Renato Curcio e Alberto Franceschini, catturati dai carabinieri di Carlo Alberto Dalla Chiesa, confermeranno la veridicità della rivendicazione e nel 1986, Susanna Ronconi, uno dei capi di Prima Linea, ma in precedenza militante delle Br, in sede di dissociazione, ricostruirà nei dettagli quanto accadde quel giorno a Padova.

Era lei la donna del commando Br e farà anche i nomi degli altri componenti del commando.

Il problema fondamentale però è un altro.

E cioè che le Br, ma non solo loro, tutti i gruppi della sinistra estrema e anche molti militanti del Partito Comunista, per molti anni non hanno mai capito o voluto capire quanto fosse profondamente sbagliato non distinguere tra fascisti legati ai servizi, provocatori, stragisti, da una parte, e semplici militanti o addirittura simpatizzanti missini, dall'altra, come le due vittime di via Zabarella, ma anche come molte giovani vittime dei cucchini e, in alcuni casi, di aggressioni ben peggiori.

Ma questo maledetto 1974 non finisce di portare morte e distruzione.

Del tentato e velleitario disegno autoritario di Sogno abbiamo già detto.

Circola anche una data: il 10 agosto 1974. Ma non accadrà nulla.

O almeno nulla di tutto questo.

Anche perché il clima in Europa e nel mondo sta rapidamente cambiando.

Il 25 aprile, su spinta di un gruppo di ufficiali socialisti e comunisti, è caduto il regime sindacal-fascista in Portogallo, trascinandosi dietro l'impero coloniale africano.

Due mesi dopo, il 25 luglio, viene giù anche la giunta dei colonnelli in Grecia, costretta a lasciare il potere dopo la guerra-lampo contro i turchi a Cipro.

Ma soprattutto l'8 agosto, due giorni prima del possibile golpe, si dimette anche il leader dell'anticomunismo mondiale: il presidente degli Usa, il repubblicano Richard Nixon, travolto dallo scandalo Watergate.

E in questo contesto di golpe sognati e sperati, purtroppo, in Italia le bombe tornano a esplodere. E a fare strage.

All'1.16 della notte del 4 agosto, una deflagrazione sventra il quinto vagone del treno espresso 1486 *Italicus*, partito da Roma e diretto a Monaco di Baviera.

L'esplosione avviene mentre il treno sta per uscire dalla lunga galleria, situata tra Firenze e Bologna, che attraversa l'Appennino tosco-emiliano.

Subito dopo lo scoppio, il vagone prende fuoco.

I morti, quasi tutti carbonizzati, saranno 12. I feriti 44.

Un'altra strage che alla fine non avrà colpevoli individuati e condannati dalla giustizia italiana, ma che viene unanimemente attribuita all'estrema destra.

E i sillogismi di cui abbiamo parlato poco fa porteranno ancora di più la sinistra violenta a colpire chiunque si professi di destra. Anche se, ovviamente, con queste stragi non ha nulla a che fare.

Torniamo sulla strada milanese e cerchiamo di capire quali effetti sta per produrre tutto questo.

Degli assalti alle sedi missine e della Cisnal dopo Brescia abbiamo già detto.

Ma i cucchini non si fermano.

Anzi.

Il 15 giugno in viale Umbria tocca al ventenne Alberto Lanzi, simpatizzante di destra, essere vittima delle chiavi inglesi.

Ricoverato al solito Beretta. Dieci giorni di prognosi.

Poche ore prima, un commando organizzato aveva assaltato un bar in via Santa Sofia, ritenuto un covo nero.

A farne le spese il proprietario Nicola Bruno, suo figlio diciottenne Riccardo e il barista, Giulio Quartiere.

Ad avere la peggio è il primo, con sessanta giorni di prognosi e operato d'urgenza per ricostruire la calotta cranica, sempre al Beretta.

Anche di questo episodio si occuperà il *Corriere della*

Sera. Con un articolo intitolato: «Padre e figlio aggrediti e feriti da un commando dell'ultrasinistra».

> Brutale aggressione ai danni di tre persone per ragioni politiche ieri pomeriggio in via Santa Sofia, 24. L'episodio è avvenuto all'interno di un bar gestito da Nicola Bruno, 43 anni. Erano quasi le 16 quando un gruppo di cinque giovani sui 18 anni è entrato nel bar. Dopo aver ordinato due caffè, i giovani aggredivano con chiavi inglesi il titolare del bar, il figlio Riccardo, 18 anni, e il barista. Subito dopo il gruppo fuggiva a piedi. Disperdendosi nelle vie circostanti. I feriti venivano portati al Policlinico [...]. Agli agenti della Questura, che li hanno interrogati, i Bruno hanno riferito di essere stati aggrediti per ragioni politiche. Essi, infatti, hanno dichiarato di essere simpatizzanti di destra che già altre volte erano rimasti vittime di atti di violenza. Un altro figlio dei Bruno, Benito, ha tentato, inutilmente, di rintracciare il gruppo degli assalitori a bordo di una vettura della squadra volante.
> Un altro episodio di violenza è avvenuto al Parco Lambro dove ha luogo il Festival pop «Re nudo». Giuseppe Aleppi, di 21 anni, è stato malmenato da sei giovani che lo hanno accusato di essere un fascista. L'Aleppi è stato ricoverato al Fatebenefratelli con 15 giorni di prognosi.

La seconda aggressione, come abbiamo visto, avviene proprio nel parco alle spalle del Molinari e del Settimo, dove si sta svolgendo il festival di musica pop.

Un gruppo di militanti si stacca dal pubblico e punta un giovane che sta correndo là in zona. Basta che qualcuno gli urli contro «fascista» e la fine è quella solita.

Spuntano le chiavi e Aleppi finisce dritto dritto al pronto soccorso.

Torniamo ai piani alti.

Come abbiamo visto, l'estate del '74 sarà insanguinata

dalle stragi e da tentativi più o meno realistici di colpi di Stato autoritari e anticomunisti.

Nell'autunno seguente, a sinistra e non solo, tornano a circolare con forza le voci di un imminente colpo di Stato militare.

C'è anche una data: il 4 novembre, anniversario della vittoria nella Prima guerra mondiale e giornata delle forze armate. I giorni passano e le voci si fanno sempre più insistenti e incontrollate.

Valeria Fedeli, già ministro dell'Istruzione e vice capogruppo del Pd al Senato.

Da sempre nel mondo della scuola e dell'insegnamento. Originaria della Bergamasca, dopo il diploma, a fine anni Sessanta, si trasferisce a Milano dove si avvicina da un lato alla realtà di Avanguardia Operaia e dall'altro a quella sindacale della Cgil.

Sentiamo i suoi ricordi:

> In quell'autunno del 1974 la paura del colpo di Stato era reale e tangibile. A temerla maggiormente erano, ovviamente, i compagni più in vista e più esposti, con ruoli di comando nei vari gruppi. Nei giorni che immaginavamo fossero quelli del golpe, molti di loro sparirono da Milano e si nascosero da amici e parenti in cascine e casali in campagna. Furono mesi di grande tensione. Ricordo la paura e anche l'attenzione a chi si frequentava, cosa si diceva, con chi si parlava. A scuola, nei posti di lavoro, nelle università. Ci guardavamo intorno con circospezione, temevamo che qualcuno seduto magari al tavolo o alla sedia vicino a noi fosse una spia della polizia o dei fascisti...[12]

Più *on the road* e, se vogliamo, tragicomico, il ricordo di Mario Ferrandi.

12 Incontro con l'autore a Roma il 12 gennaio 2024.

In vista del 4 novembre si sparge la voce che potrebbe esserci il colpo di Stato. E quindi noi in via Stadera ci organizziamo. C'era un compagno, l'unico che all'epoca già lavorava, in una banca mi sembra, che possedeva un *pied-à-terre* che usammo come base operativa per organizzare la resistenza al golpe militare. Spuntò anche una vecchia pistola calibro 22 ricalibrato. Si vociferava che un gruppo di compagni avrebbe piazzato una mitragliatrice sul tetto di uno stabile in piazzale Loreto. Vennero dissotterrate vecchie armi di partigiani. Organizzammo staffette e ronde tra la caserma La Marmora e la caserma dei carabinieri di via Moscova per seguire i movimenti dei militari. Ma non succedeva niente. Ci facevamo le notti in macchina e per strada e morivamo di freddo. Anche nel covo del nostro amico si battevano i denti. Dormivamo nei sacchi a pelo e ci riscaldavamo con una stufetta a gas. Cazzo, questa una notte cade sui sacchi a pelo, saranno state le 4 del mattino, dormivamo tutti, distrutti dalla stanchezza. E ci fu un principio di incendio che riuscimmo a domare a fatica. Rischiammo di bruciare come polli allo spiedo nel sonno. Intanto venimmo a sapere che quelli di Lotta Continua avevano dato questa indicazione: in caso di golpe, ci concentriamo tutti al Parco Sempione. Sarebbe stato un suicidio collettivo. Tanto valeva che ci radunassimo direttamente tutti dentro lo stadio, così risparmiavamo ai militari golpisti il lavoro di individuazione e di arresto dei compagni. Per fortuna non accadde nulla e ce ne tornammo tutti a casa.

Torniamo al pianoterra.

Perché dopo lo scampato pericolo del mancato colpo di Stato, rispuntano gli «idraulici». Come venivano, con un macabro umorismo, chiamati nell'estrema sinistra i possessori di chiavi inglesi, che il 26 novembre, in piazza Piola, puntano un ventiseienne sindacalista della Cisnal, Giuseppe Costanzo, già candidato alle elezioni comunali con il Msi, dipendente della ditta di trasporti Mottura-Fontana.

Lo seguono mentre prende la metropolitana per andare al lavoro, poi, quando scende a Loreto e infine, in via Pacini, scatta il cucchino.

Finirà anche lui al Beretta, in prognosi riservata, con numerose fratture al cranio.

Ora spostiamoci in via Crescenzago, perché il giorno prima, al Molinari, è accaduto qualcosa di grosso.

C'è uno studente, ha 18 anni e si chiama Claudio Nai.

È dichiaratamente di destra.

E questo non è permesso.

I «guardiani della rivoluzione» lo aspettano davanti a scuola.

Appena arriva con la sua auto e scende dalla macchina, scatta l'assalto. Sempre a colpi di Hazet 36. Auto distrutta.

Nai, pestato a dovere, sarà ricoverato con 10 giorni di prognosi.

In questi mesi le scuole sono davvero una polveriera.

Dentro c'è di tutto.

Giovani ribelli che vogliono cambiare il mondo, professori che ne condividono le istanze di rivoluzione.

E che provano a realizzarle qui e ora dentro gli istituti scolastici.

Così accade che in molti istituti, il tradizionale e periodico collegio dei docenti (l'assemblea degli insegnanti per fare il punto della situazione in cui versa la scuola, coordinata dal preside) venga esteso alla partecipazione degli studenti e si trasformi in assemblea plenaria, dove tutti i presenti hanno pari dignità e pari libertà di parola. Salvo poi chiedere agli studenti di lasciare l'aula e tornare al classico format di riunione tra professori.

Il Molinari è una di queste scuole.

Vediamo allora cosa è scritto nei verbali del collegio dei docenti che si riunisce proprio il pomeriggio del

25 novembre a proposito dell'aggressione a Nai, collegio allargato alla presenza di studenti e quindi ribattezzato «assemblea».

Dopo un'introduzione della preside, Angiola Lunelli, che condanna duramente l'aggressione, interviene uno studente e il dibattito si infiamma. Leggiamo:

> L'allievo B., 3ªC, ricorda che contro l'aggressione della mattinata all'allievo Nai è stato emesso un comunicato da parte di quasi tutte le forze politiche presenti all'interno della scuola in cui la si condanna in quanto azione provocatoria, slegata dall'antifascismo militante e contraria alle lotte degli studenti. Respinge quello che definisce un appello della preside alla pace sociale come presupposto allo sviluppo della scuola nuova. Vuole che prima si facciano dei passi avanti concreti, vuole che non si metta in secondo piano la mobilitazione antifascista e che non si strumentalizzino le provocazioni.

Lo interrompe la professoressa Lunelli:

> La preside nega di aver parlato di pace sociale, ma di clima artificiale che impedisce di lavorare e propone che il collegio prenda una posizione sui fatti di questa mattina.

Vediamo come procede la discussione:

> La prof B. presenta una mozione da approvare da parte del collegio. Il comunicato emesso in mattinata dalle forze politiche studentesche e sottoscritto dalla sezione sindacale Cgil.

Ma le ambiguità e le cose non dette superano di gran lunga le affermazioni pubbliche.

E così c'è chi sottolinea che «esiste una contraddizione nell'atteggiamento del movimento studentesco che l'anno scorso ha contestato violentemente il Nai e ora se ne fa paladino».

Eh sì, perché Nai era stato già vittima di un'aggressione l'anno prima.

Cerchiamo di raccapezzarci in questo verbale che ci restituisce bene il clima del periodo.

Lo studente Nai viene bastonato davanti alla scuola da elementi di Avanguardia Operaia. Ufficialmente tutti gli «studenti democratici», senza distinzione, condannano l'aggressione ma soltanto perché ritenuta una «provocazione» e perché non inserita in un quadro più organico di antifascismo militante. Non perché si tratti di un'azione violenta e vigliacca, non perché sia contro la civile convivenza, non perché parliamo di reati dal punto di vista penale.

Ma tant'è.

Leggiamo ora la sentenza di primo grado per l'omicidio Ramelli:

> Prima di allora, il Nai era stato reiteratamente intimidito e picchiato da elementi di spicco di Avanguardia Operaia della scuola, cioè Marco De Vito, Roberto Di Puma e Giuseppe Crepaldi, i quali – respingendo ogni tentativo di mediazione e di chiarimento – non avevano esitato, il 22 ottobre precedente, a esortare al megafono gli studenti a espellere dall'edificio il Nai medesimo, nonché il padre di lui e un suo collega, intervenuti per consentire al giovane di recarsi a lezione.[13]

Insomma, Claudio Nai era stato prima minacciato, poi insultato, infine aggredito.

Il diktat era sempre lo stesso: non devi entrare a scuola perché sei fascista.

Al suo tentativo di entrare comunque a scuola era scattato il cucchino.

Restiamo al Molinari, perché in un'altra sezione della

13 Sentenza di primo grado della Seconda Corte d'Assise di Milano contro Belenghi Luca più 24, del 16 maggio 1987.

scuola, c'è un altro studente «attenzionato» dalla polizia morale dell'istituto.

È quel ragazzo capellone che abita in Città Studi e che tifa Inter.

Sergio, che con il fratello Luigi frequenta l'oratorio della chiesa di viale Argonne e spesso staziona davanti al bar là di fronte. Il bar Varanini, angolo via Negroli.

Sergio e Luigi simpatizzano per la destra, ma neanche più di tanto.

Il loro primo e più grande amore è il calcio.

Giocano al campetto dell'oratorio e talvolta vanno a San Siro, curva nerazzurra.

Per una sorta di eterogenesi dei fini è lo stesso bar frequentato da uno dei capi di Ao, Pier Vito Antoniazzi. Sì, proprio lui.

E allora sentiamolo:

> Me li ricordo bene Luigi e Sergio. Venivano al mio stesso oratorio. Luigi era del 1954, aveva un anno meno di me. Giocavamo insieme a pallacanestro e frequentavamo lo stesso bar, di fronte alla chiesa, in viale Argonne. Il bar di Augusto. Come loro, anch'io abitavo all'epoca in zona Città Studi, in via Aselli.

Fin qui niente di particolare, direte voi.

Ma poi accade qualcosa che cambia tutto.

Sergio comincia a frequentare il Fronte della Gioventù e a bazzicare la federazione provinciale di via Mancini.

E la sua consapevolezza politica si accresce.

Così accade che qualche giorno dopo l'aggressione a Nai – siamo nella prima settimana di dicembre 1974 – il professore di italiano assegni alla classe di Sergio un tema sulle Brigate Rosse.

E che il giovane, ormai perfettamente calato nel ruolo

del militante missino, non se lo faccia ripetere due volte, puntando il dito contro la violenza assassina delle Br, concentrando il tema sulla mattanza di Padova contro i militanti missini.

Poi accade l'irreparabile.

Il compagno di classe incaricato di raccogliere i temi e di portarli nella sala professori viene intercettato da una ronda rossa, che gli sottrae gli scritti e comincia a passarli al setaccio.

Per capire se qualcuno abbia scritto qualcosa di sbagliato sulle Br.

E quel qualcuno lo trovano.

Sì, è proprio Sergio, «reo» di aver definito i brigatisti assassini e manovrati, altro che rivoluzionari. Poche ore dopo, nella bacheca del grande atrio del Molinari compaiono due fogli protocollo, affissi con le puntine.

Sopra c'è una scritta rossa: ECCO IL TEMA DI UN FASCISTA.

Il testo è pieno di sottolineature rosse.

Per Sergio stanno per aprirsi le porte dell'inferno.

4
La persecuzione e l'esecuzione

Sergio Ramelli ormai ha capito che, dopo Nai, ora è lui il «pericolo numero uno» della scuola.

L'agnello sacrificale contro cui scagliarsi.

Il bersaglio da puntare, logorare e poi abbattere.

Ne parla con il fratello, ovviamente, e con i ragazzi di via Mancini, che sta frequentando da un po'. Ma per tutti loro è così nelle rispettive scuole, quindi nessuno si preoccupa più di tanto o più del solito, per meglio dire.

Paola Frassinetti, sottosegretario all'Istruzione del governo Meloni, è stata una delle militanti storiche della destra giovanile milanese degli anni Settanta e Ottanta, prima di ricoprire incarichi di assessore in Comune e poi essere eletta in Parlamento, sia con Alleanza Nazionale, sia con Fratelli d'Italia. Mi riceve nella sua stanza al ministero, in viale Trastevere.

I suoi ricordi sono sempre molto nitidi e vivi e riflettono il clima del tempo:

> Ho conosciuto Sergio in via Mancini, lui era il fiduciario del Molinari e io del Carducci. Abitavamo nella stessa zona, Città Studi-Lambrate.
>
> Certo che si preoccupava di quello che gli stava accadendo. Ma ne parlavamo tutti, purtroppo era una situazione di normalità per tutti noi, che militavamo a destra nelle scuole pubbli-

che. Sì, perché l'obiettivo dichiarato dell'estrema sinistra era quello di cacciarci tutti dalle pubbliche e farci rifugiare nelle private. Io per fortuna sono stata tra i pochi a essere riuscita a restare fino alla fine e a diplomarmi in una scuola pubblica. Certo, mi insultavano, mi minacciavano, sono stata fuori dalla presidenza, mi è stato rubato il diario personale. Però stavo in una classe molto unita, che mi ha sempre protetta, compresi i ragazzi di sinistra. Un giorno, sarà stato il '74, accadde un episodio molto strano. Quelli del Movimento Studentesco mi avevano cacciata da scuola e quelli di Avanguardia Operaia mi hanno fatto rientrare, perché sostenevano che ci voleva il confronto, non l'epurazione.
Diciamo anche che io con il mio carattere mi facevo apprezzare e accettare soprattutto. Non rompevo mai le scatole. Non avevo atteggiamenti aggressivi e provocatori. Se si faceva sciopero, me ne andavo a casa, non tentavo di sfondare i picchetti per entrare a scuola a tutti i costi. Poi, quando andavamo in gita scolastica o in settimana bianca, socializzavo e scherzavo con tutti. Per dire, cantavo insieme a loro le canzoni di Guccini. La mia paura erano gli esterni. Quando gli interni più vigliacchi chiedevano rinforzi all'esterno, magari i Katanga dalla Statale o quelli del Collettivo del Casoretto, ecco, in quel caso avevo paura perché non mi conoscevano e per loro ero solo una fascista e basta.[14]

E allora percorriamo insieme pochi chilometri, in direzione nord-est, quelli che separano la scuola di Paola Frassinetti da quella di Sergio Ramelli.

Lasciamo il liceo Carducci, in zona piazzale Loreto, attraversiamo il Casoretto, proseguiamo verso via Crescenzago e torniamo al Molinari.

Le vacanze di Natale sono alle spalle, ma il 1975 comincia così come era finito il 1974.

14 Incontro con l'autore a Roma il 9 gennaio 2024.

Anzi, anche peggio.

Il 13 gennaio una cellula interna di Avanguardia Operaia entra nella classe di Sergio e davanti al professore inerme, lo preleva e se lo porta via.

Lo trascinano fuori dall'istituto, gli mettono in mano un secchio e un pennello con della vernice, costringendolo a cancellare scritte fasciste comparse qualche giorno prima sul muro della scuola.

Leggiamo sempre la sentenza di primo grado della Corte d'Assise di Milano:

> Il 13 gennaio 1975 Sergio Ramelli, già altre volte prelevato a forza dalla sua classe e minacciato, era stato circondato in strada da circa 80 studenti e costretto a cancellare con della vernice bianca scritte fasciste apparse sui muri del Molinari. In seguito all'intervento del vicepreside, professor Paletti, coadiuvato da un insegnante di religione e un bidello, il ragazzo era stato lasciato andare. Da allora non aveva più frequentato le lezioni.

«Da allora non aveva più frequentato le lezioni.»

Ecco che l'obiettivo strategico di cui parlava Paola Frassinetti sembra essere stato raggiunto. Espellere i «fascisti» da tutte le scuole pubbliche, per evitare che possano fare, per quanto in loro potere, il benché minimo proselitismo.

Ormai la voce si è sparsa in tutta Città Studi, la roccaforte di Avanguardia Operaia.

Il sillogismo è definitivo: Sergio Ramelli frequenta il Fronte della Gioventù, Sergio Ramelli è un fascista, Sergio Ramelli va perseguitato.

Non basta averlo, di fatto, cacciato da scuola.

E così due settimane dopo, nei pressi del bar di Augusto, in viale Argonne, il fratello Luigi, scambiato per Sergio, viene cucchinato da due mazzieri con le solite chiavi inglesi d'ordinanza.

Questa storia di ordinaria follia, purtroppo, non finisce qui.

Perché a quel punto Sergio è costretto a parlarne a casa, racconta tutto ai genitori, spiega che al Molinari non può più tornare e così decide di cambiare istituto e iscriversi a una scuola privata. Esattamente quello che vogliono i suoi avversari, anzi i suoi nemici.

Ma non c'è altro da fare.

La mattina del 3 febbraio, accompagnato dal padre, Ramelli torna in via Crescenzago, per chiedere alla preside del Molinari il nulla osta per potersi trasferire in un'altra scuola.

Ma la voce si sparge, i guardiani della rivoluzione chiamano tutti a raccolta e fuori dalla presidenza si radunano almeno in cinquanta.

Urla e slogan antifascisti, minacce di morte a padre e figlio. Che, a fatica, scortati dal vicepreside e da altri professori, cercano di guadagnare l'uscita, ma l'aggressione è immediata e violenta. Sergio si sente male e sviene, vengono chiamate ambulanza e polizia.

Solo grazie alla protezione degli agenti, i due Ramelli lasciano il Molinari.

E stavolta per sempre.

Ecco come l'episodio viene riportato in sentenza:

> La mattina del 3 febbraio 1975 Sergio Ramelli, recatosi in presidenza col padre per chiedere il nulla osta per il trasferimento in altra scuola, era stato oggetto di nuove violenze e intimidazioni. Nonostante l'intervento del vicepreside e di alcuni professori che avevano tentato di parlamentare con i leader dell'istituto (tra cui De Vito e Di Puma) e di far scudo a padre e figlio – i quali erano stati costretti a passare nel corridoio della scuola tra due folte ali di studenti (alcuni estranei all'istituto) e malmenati – Sergio Ramelli, svenuto, era stato a fatica soccorso dagli insegnanti e aveva potuto allontanarsi dalla scuola solo dopo l'intervento della polizia.

Stavolta l'aggressione è troppo grave e per di più pubblica, avvenuta all'interno dell'istituto alla presenza di molti professori.

Sarà oggetto di una lunga discussione all'interno del collegio dei docenti, che si riunisce qualche giorno dopo e che, ovviamente, si trasforma subito in assemblea per la presenza di diversi studenti.

Leggiamo il verbale di quella seduta:

> Oggi, giovedì 6 febbraio 1975, alle ore 15.30 si è riunito il collegio degli insegnanti dell'Istituto [...]. Presiede la preside, prof. Angela Lunelli. All'appello risultano presenti in 97 su 191.
> Subito il collegio si trasforma in assemblea, data la presenza di numerosi allievi e di altre persone estranee al collegio.

Prende subito la parola la preside, che riassume i fatti. Vediamo come:

> Lunedì 3 febbraio scorso, mentre in presidenza era in corso una seduta dei collaboratori, arrivavano in segreteria il signor Ramelli e il figlio, per ritirare il nulla osta al trasferimento in un'altra scuola. Poco dopo una piccola folla di allievi si raduna nell'atrio della segreteria e inizia a rumoreggiare. Il vicepreside va ad avvisare questi allievi che si tratta del nullaosta, che il Ramelli se ne va *(sic!)*. Quando il documento è firmato, i due chiedono la protezione della presidenza per uscire e iniziano a fendere la calca, circondati da preside e collaboratori. Ne nasce un tafferuglio in cui il Ramelli va a terra *(sic!)* e alcuni collaboratori ricevono spinte e pugni. Si ripiega in segreteria e si chiamano l'infermiera e la polizia. Alcuni energumeni, estranei all'istituto, entrano in segreteria, tentando di portar fuori il Ramelli, ma vengono respinti. Quando la polizia arriva, i Ramelli vengono accompagnati ai cancelli da alcuni collaboratori.

Questa la ricostruzione dei fatti, sintetizzata con una neutralità e una asetticità che oggi sarebbero inaccettabili, ma che vanno però incardinate nel clima di quei giorni e di quei mesi. Non deve essere facile essere presidi o professori di scuole così, in un periodo come questo.

Anzi, non lo è per niente.

Ma torniamo al verbale del collegio docenti, anzi dell'assemblea del 6 febbraio.

E vediamo come procede:

> La preside invita ora i collaboratori a recare testimonianza. Il vicepreside sostanzialmente conferma il racconto e aggiunge alcuni particolari. Ai commenti ironici di alcuni allievi, si risente e minaccia di andarsene. Il professor C. smentisce che alcuni collaboratori siano stati picchiati dal padre di Ramelli *(sic!)*. La professoressa Z. non ha identificato i pochi (forse 5) entrati in segreteria. Il professor O. dice di essersi preoccupato delle reazioni del padre di Ramelli *(sic)*. La preside chiede anche la testimonianza di allievi. L'allievo A., a nome del movimento studentesco, dichiara di non volersi soffermare sulla dinamica del fatto. Condanna il curriculum politico del Ramelli e afferma che il movimento studentesco non può permettere la presenza a scuola di «squallidi individui come lui». Legge un comunicato e conclude deprecando che ci si occupi di tali cose, tralasciando i problemi didattici. La preside, dopo aver rilevato che il comunicato non parla del fatto, precisa che di problemi didattici si è parlato la volta scorsa, al punto 1 dell'ordine del giorno. Invita gli insegnanti a parlare dell'agibilità scolastica nelle loro classi.
>
> Il professor R. afferma che definire increscioso il fatto di lunedì è troppo poco. Come cittadino, deve esprimere una condanna totale. Come insegnante del Molinari, deve tener presente la situazione, situazione in cui non ci si può lamentare, dato che si vive in un clima di continua illegalità. Gli allievi rimbeccano e applaudono ironicamente. Si accende un battibecco tra allievi e preside. Il professor G. esordisce citando un cartello

firmato «compagni della Cgil» in cui si dice che l'antifascismo deve precludere ogni spazio fisico ai fascisti e confronta tale affermazione con quanto si diceva nel '68 quando si parlava solo di spazio politico. Occorre ridimensionare il ritratto fatto del Ramelli dall'allievo A. Forse è comodo scaricargli addosso le colpe di altri, ma egli non crede che corrisponda a verità. Le colpe vanno provate, altrimenti il discorso sarebbe discutibile e pericoloso, sarebbe intolleranza. Chiede un vero «processo» e, se le accuse non fossero provate, chiede che il Ramelli possa continuare la scuola tra i suoi compagni di quasi 5 anni.
Il professor B. vuole inquadrare questo episodio nel contesto complessivo, genericamente nella strategia della tensione. Bisogna avere ben chiaro, aggiunge, il problema del fascismo. Esso esiste e va isolato perché non riesca a provocare una svolta reazionaria e conservatrice. Bisogna impedire che crei una frattura nei ceti medi. Occorre coinvolgere nell'antifascismo tutte le forze possibili. L'azione di lunedì è controproducente e allontana dall'antifascismo molta gente, che invece sarebbe disponibile.

Non credo ci sia molto da aggiungere a questa discussione. Che proseguirà in questi termini:

L'allievo B., sorpreso per la reazione degli insegnanti, elenca una serie di fatti che «accusano» il Ramelli. A) Il 20 gennaio scorso volantinava in corso Monforte *(sic)*. B) In dicembre volantinava in corso 22 Marzo, angolo via Mancini [praticamente a due passi dalla federazione provinciale missina, *N.d.A.*]. C) Frequenta il bar della teppaglia nera [probabilmente il bar di Augusto, che, come abbiamo visto, era lo stesso che frequentava anche uno dei capi di Ao, Antoniazzi, *N.d.A.*]. D) Ha minacciato un compagno e l'allievo B. legge una lettera anonima contro tre compagni da cui evince che, magari, questo era il passatempo preferito del Ramelli, «questo bravo giovane di cui si dice sia tutto casa e scuola». Tutto ciò prova, secondo l'allievo B., le accuse fatte. Porta l'esempio di due fascisti, già studenti del Molinari, Spadavecchia e Belli, su cui invita a riflettere. Ribadisce che bisogna occuparsi della didattica. La preside precisa che il Belli venne una volta a scuola con una rivoltella ma che nessun compagno lo ha denunciato. E comunque lei, la preside, vuole parlare non di singoli fascisti ma di un clima in cui non è possibile vivere. Il vicepreside afferma che nessuno dimentica i problemi didattici ma che, finché ci sono assenteismo e tensione, non si può sperimentare nulla. La preside chiede un giudizio degli allievi sui fatti di lunedì: nessuno viene a parlare.

Come sempre accade, pur in un contesto di delirio collettivo, c'è sempre qualcuno con la schiena diritta che chiama le cose con il loro nome.

Certo, occorrono lucidità e coraggio.

Doti che ha l'insegnante che sta per parlare. Sentiamolo:

Il professor T., risalendo alle cause del clima, parla di un altro fatto analogo, il caso Nai. E si domanda:

A) questi presunti fascisti contro cui non sono provate accuse di specifici reati hanno o no il diritto di stare in questa scuola?

B) chi dà al movimento studentesco il diritto di legiferare?

C) non ci saranno sotto anche questioni personali?

D) perché non tentare di recuperare alla democrazia questi elementi?

Disserta sulla storia della Resistenza. Quanto alla sua classe, il clima è buono, senza intimidazioni, il programma svolto è poco ma sufficiente.

Il professor P. risponde che chi dà il diritto al movimento studentesco a legiferare è lo sfacelo della scuola e la prova consiste anche nell'assenteismo degli insegnanti pure da questo collegio. Ribadisce il concetto che in questa scuola vi è un modo di intendere l'antifascismo che fa il gioco del fascismo e che non si possono fare differenze sul diritto alla scuola. Di questo passo, a poco a poco si chiederà l'espulsione di tutti i gruppi non graditi al movimento studentesco. Afferma che la

presidenza non deve rassegnare le dimissioni e illustra i pericoli cui si andrebbe incontro. Poi conclude così: il Movimento studentesco deve condannare i fatti di lunedì? [cioè condannare sé stesso?, *N.d.A.*] Si deve creare un clima di maggiore e diffusa comprensione.
La preside polemizza con il professor P. circa il suo «dovere» di non dimettersi e chiede di nuovo agli allievi. Nessuno viene a parlare. La professoressa Z. si chiede quali sarebbero state le conseguenze se ci fosse scappata una disgrazia. La preside chiede di nuovo un giudizio agli allievi. Voci rispondono che lo si è dato nel comunicato. La preside rileva che nel comunicato non c'è nulla sul fatto. Anche per il professor P. è così. Si accendono battibecchi con allievi. La professoressa F. spiega che sull'antifascismo c'è una divisione di fondo e come oggi si lotti contro il fascismo. Dal '68 solo gli studenti e gli operai hanno lottato. Afferma che il clima del Molinari è ottimo, mentre è il clima che c'è fuori che «fa schifo». Forse lunedì le cose sono state fatte male, c'è stato qualche errore di tattica ma l'episodio è piccolo e non valeva la pena convocare un collegio. Conclude, tra i deliranti applausi degli allievi, con l'invito a convocare un collegio al primo bocciato del Molinari perché non dovremmo avere il diritto di bocciare. L'allievo D.V. afferma che il collegio, mentre chiede un giudizio, deve ricordare quel che avviene tutti i giorni circa la possibilità dei fascisti di ricredersi. Ricorda che hanno avuto 6 anni.

Alle 17.50 lasciano la sala studenti ed esterni e così, l'assemblea torna a trasformarsi in collegio degli insegnanti.

Ma anche molti prof, dopo quello che sta succedendo, decidono di andarsene.

E così, in assenza di numero legale, il collegio non può prendere alcuna decisione, né metterla ai voti.

Ma mentre dentro il Molinari si discute, fuori dalla scuola si agisce.

Il giorno dopo, don Antonio Piazza, l'insegnante di religione che aveva difeso Ramelli quando era stato costretto a cancellare le scritte sui muri, mentre è in aula sente dei forti botti, più simili a petardi che a fuochi d'artificio.

Si precipita fuori dall'istituto e scopre che a provocare questi botti è la sua auto.

Leggiamo come lo racconta l'*Unità* dell'8 febbraio:

> L'attentato, che avrebbe potuto avere conseguenze molto più pesanti, è avvenuto alle 9.30 davanti all'ingresso dell'istituto dove in quel momento sostavano numerosi studenti. Due giovani su uno scooter, con il volto coperto da passamontagna, si sono avvicinati all'auto parcheggiata in strada. Quello sul sellino posteriore ha improvvisamente lanciato una molotov contro la 128 di don Antonio Piazza, insegnante di religione. Mentre era in corso l'opera di spegnimento, improvvisamente la 128, alimentata a gas, è saltata in aria. Lo scoppio ha investito 5 vigili del fuoco che sono stati scaraventati a terra, 5 dipendenti della scuola e 6 studenti che li stavano osservando. L'esplosione, inoltre, ha danneggiato una Mini parcheggiata a fianco dell'auto del sacerdote. Carabinieri e agenti hanno subito prestato soccorso ai feriti. Il più grave ha riportato lo sfondamento della fronte ed è stato sottoposto a un delicato intervento chirurgico. Le sue condizioni sono gravi.

Interessante anche come la sentenza della Corte d'Assise di Milano ricorda l'episodio:

> Il 7 febbraio seguente, nel cortile dell'Istituto Molinari (e non all'esterno come erroneamente ha scritto l'*Unità, N.d.A.)*, veniva compiuto un attentato incendiario in danno dell'auto di don Antonio Piazza, insegnante di religione anche nella 5ªI, frequentata dal Ramelli, rimproverato di non avere «forza antifascista» *(sic)*. Lo scoppio dell'impianto a gas provocava numerosi feriti tra i vigili del fuoco intervenuti.

Torniamo da Sergio, che ha deciso di iscriversi in un istituto privato, come abbiamo visto.

È il Camillo Cavour, in via Duccio di Boninsegna.

Qui ritrova un suo amico e camerata di via Mancini. Di un anno più giovane, anche lui cacciato dalla scuola pubblica con le solite modalità.

Lo incontro a Milano nel suo studio.

E proprio per l'attività che conduce, mi chiede di non citarne il nome, ma di chiamarlo con il soprannome che gli avevano affibbiato in via Mancini per via delle sue orecchie a sventola: Topo Gigio.

E allora ecco il suo ricordo:

> Mi iscrissi al Settimo liceo scientifico, in piazza Frattini [siamo in zona Giambellino, periferia ovest, lungo via Lorenteggio in direzione Corsico, *N.d.A.*]. Erano gli anni del boom demografico. Io sono del 1958 e i nati tra il '58 e il '60 erano davvero tanti. Così ci facevano fare i doppi turni per contenerci tutti. Tre giorni di lezioni il pomeriggio e tre giorni la mattina. Quello era un liceo molto politicizzato. Da noi non c'era un nucleo di destra ma solo qualche isolato simpatizzante. La prima volta che ho preso le botte è stato perché c'era un picchetto: io ho provato a forzarlo per entrare e mi hanno picchiato per bene. Molti dei licei di Milano, noi militanti del Fronte della Gioventù li davamo per persi. Si cercava di fare qualcosa solo laddove si potesse costituire un nucleo di militanti e simpatizzanti del Fronte. Io a scuola ho scoperto che la democrazia non esisteva. Gli operai delle fabbriche entravano nelle classi e interrompevano le lezioni. Entravano in aula alcuni operai accompagnati da alcuni studenti di estrema sinistra della scuola e cominciavano a dire: «Gli studenti e gli operai vogliono questa determinata cosa, ora vi leggiamo il nostro comunicato». I professori erano impotenti. Cosa avrebbero dovuto fare? Reagire e prendere le botte? Stavano zitti e subivano. Nel 1974 conobbi Gianluca Castro, che già militava in via Mancini e mi

portò insieme a lui al Fronte. Così cominciai la mia attività di militante a tempo pieno. Ma al Settimo non potevo più starci. Allora ci spostammo in una scuola privata. Il Cavour, in via Duccio di Boninsegna.[15]

E qui, intorno al 10 febbraio 1975, Topo Gigio incontra Sergio Ramelli. Sentiamo:

Il Cavour era una scuola dove non si faceva e non si imparava assolutamente niente. Una scuola privata che aveva tutti i tipi di indirizzo: classico, scientifico, tecnico industriale, ragioneria. E un giorno di febbraio ritrovai Sergio. Dico ritrovai perché lo avevo già visto e conosciuto in via Mancini. In quei tempi i militanti più impegnati e conosciuti del Fronte erano Paola Frassinetti, Beppe Nanni, Francesca Conforti, all'epoca amica inseparabile della Frassinetti, Leo Siegel, Riccardo De Corato. Si vedeva abbastanza spesso anche Ignazio La Russa.
E là vedevo pure Sergio. Me lo ricordo come un ragazzo tranquillo, con i capelli lunghi. Non era uno che amava mettersi in mostra, né uno che cercava rogne. Alla fine noi studenti delle superiori eravamo ragazzi di buona famiglia che erano solo stanchi della dittatura comunista che ci opprimeva e perseguitava a scuola e nelle strade e volevamo reagire a tutto questo. Come? Attaccando manifesti o distribuendo volantini. Non è che potessimo fare molto altro. Tenga presente che non avevamo né l'agibilità né i permessi per poter fare delle manifestazioni.
Uscivamo da via Mancini in piccoli gruppi, ci ritrovavamo nel vialone in fondo alla strada e potevamo al massimo improvvisare una mini-manifestazione che non durava più di 20 minuti. Finché non arrivava la polizia che ci caricava. Qualche volta ci ritrovammo ai Giardini pubblici, davanti allo zoo, e tentavamo di dar vita a un corteo, ma il servizio d'ordine dei compagni della Statale era in servizio h 24 e così le staffette

15 Incontro con l'autore a Milano l'11 novembre 2023.

avvisavano i Katanga. Il tempo del loro intervento era massimo di 20 minuti. Per cui riuscivamo solo a dare un po' di volantini in corso Vittorio Emanuele e poi dovevamo disperderci prima che arrivassero le chiavi inglesi.

Torniamo a Sergio Ramelli, che, dopo il tentato linciaggio del 3 febbraio al Molinari, nei giorni successivi si presenta al Cavour e comincia a seguire le lezioni in questo istituto.

Passano le settimane e la situazione si placa.

Il peggio è passato.

I compagni hanno ottenuto quello che volevano. Ora tutto è finito, deve aver pensato.

Invece il 3 marzo si ricomincia.

Sergio, il fratello Luigi e un amico sostano davanti al solito bar in viale Argonne, ma all'improvviso vedono arrivare una quindicina di persone provenienti dal bar dei «compagni», in via Visconti d'Aragona. In mano hanno le chiavi d'ordinanza.

I due giovani riescono a tuffarsi dentro l'auto di un amico che a tutta velocità li porta in salvo.

Il clima si è di nuovo infuocato. Anche perché ora sono pure apparse scritte in zona: «Ramelli fascista, sei il primo della lista».

Del resto Avanguardia Operaia è egemone in tutta Città Studi e quindi la schedatura di Sergio è stata comunicata dal Molinari al resto dell'organizzazione.

Ma il peggio deve ancora arrivare.

Torniamo al Cavour e sentiamo di nuovo Topo Gigio; è il 13 marzo 1975:

Io e Gianluca Castro usciamo dal Cavour e rivediamo Sergio.
Sta sul suo inseparabile Ciao.
Siamo all'angolo con via Giotto.

Chiacchieriamo brevemente. Ci diamo appuntamento per il pomeriggio in via Mancini. Non ricordo se fosse uscito da scuola o se quel giorno avesse deciso di non entrare proprio.

Sono le 12.25. Sergio attraversa tutto il centro in motorino e torna verso casa, in zona Città Studi.

Lui abita in un palazzo in via Amadeo, ma in genere parcheggia sempre il motorino nella strada che fa angolo, in via Paladini, all'altezza del numero 15.

Ore 12.55. Sergio è arrivato, frena, spegne il Ciao blu e comincia a parcheggiarlo al solito posto. In quel momento vede un giovane, anzi due giovani, con impermeabili blu scuro, che gli corrono incontro.

È questione di attimi.

Le chiavi inglesi in mano, le urla, il tentativo di Sergio di ripararsi il capo.

Poi il primo colpo in testa e poi un secondo.

Lui cerca di fuggire, ma inciampa sul suo motorino e cade a terra.

Uno degli assalitori gli crolla addosso a sua volta.

Mentre è a terra, ora sono in due a picchiarlo, e sta arrivando un terzo boia sempre con chiave inglese in mano. L'aggressione dura pochi secondi che sembrano un'eternità.

Ma siamo in pieno giorno.

La signora Lidia Ricci e sua figlia Mirella Tavecchia stanno tornando a casa dopo aver fatto la spesa e assistono all'aggressione. Cominciano a urlare.

Le sente gridare Luigi Vaccani, titolare del negozio di ferramenta proprio all'angolo tra via Amadeo e via Paladini. Si precipita fuori dal negozio e vede che Sergio, a terra, è pestato da tre o quattro giovani.

In quel momento passa davanti a via Paladini anche

Ernesto Demartini. La signora Ricci lo incrocia e gli indica uno degli aggressori che a passo veloce si allontana verso via Arnò, seguito da una decina di persone. L'aggressore ha ancora in mano la chiave inglese con cui ha colpito Sergio.

Demartini non ci pensa due volte: sale sulla sua auto e comincia a inseguirli.

Li raggiunge tra via Strambio e via Venezian. Ma un senso unico lo costringe a fermarsi.

E a perderli di vista.

Qualcuno chiama i vigili urbani.

Qualcun altro un'ambulanza. Che arriva pochi minuti dopo.

Alle 13.15 anche Sergio, come tanti prima di lui, viene «ospitato» dal reparto neurologico Beretta del Policlinico.

La diagnosi immediata è la seguente: «Trauma cranico. Ferite lacero-contuse al cuoio capelluto con fuoriuscita di sostanza cerebrale e stato comatoso».

La prognosi è riservata.

Torniamo all'interrogatorio di Marco Costa, capo della squadra dei suoi aggressori, 10 anni dopo, durante il processo di primo grado:

> Ramelli ci vede, mi vede, capisce, si protegge la testa con le mani. Ha il viso scoperto e posso colpirlo al viso. Ma temo di sfregiarlo, di spezzargli i denti. Gli tiro giù le mani e lo colpisco al capo con la chiave inglese. Lui non è stordito, si mette a correre. Si trova il motorino tra i piedi e inciampa. Io cado con lui. Lo colpisco un'altra volta. Non so dove, al corpo, alle gambe. Non so. Una signora urla: «Basta, lasciatelo stare. Così lo ammazzate». Scappo e dovevo essere l'ultimo a scappare.

Nello stesso processo, un altro dei suoi aggressori, Giuseppe Ferrari Bravo, ricorda come segue.

Aspettammo dieci minuti e mi parve un'esistenza. Guardavo una vetrina ma non dicevo nulla. Ricordo il ragazzo che arriva e parcheggia. Marco mi dice: «Eccolo», oppure mi dà solo una gomitata, ora non ricordo bene. Ma ricordo le grida. Ricordo, davanti a me, un uomo sbilanciato. Ramelli ci vede, capisce, si protegge la testa con le mani. Ha il viso scoperto e posso colpirlo al viso. Colpisco una volta, forse due. Ricordo una donna a un balcone che grida: «Baaasta!».
Durò tutto pochissimo. Avevo la chiave inglese in mano e la nascosi sotto il cappotto. Fu così breve che ebbi la sensazione di non aver portato a termine il mio compito. Non mi resi conto di ciò che era accaduto.

In federazione lo vengono a sapere presto.
Sentiamo Ignazio La Russa:

La notizia ci arrivò poco dopo in via Mancini. Si capì subito che era una cosa grave. Molti nostri giovani, soprattutto ragazze, ricordo Rita Perci e le altre, andarono quasi tutti i giorni in ospedale per capire come stesse. E poi mi riferivano. Io non sono riuscito ad andare in ospedale a trovarlo. Né lui né i tanti, troppi ragazzi a cui è stato fracassato il cranio a colpi di chiave inglese.
Sergio lo avevo visto l'ultima volta pochi giorni prima che lo aggredissero. Credo non più di quattro giorni prima. Lo vidi al cinema e lui venne nell'intervallo a salutarmi. Io qualche fila avanti, lui qualche fila dietro. In quel periodo, quando andavo al cinema con la mia fidanzata, per motivi di sicurezza, entravo quando si erano già spente le luci della sala e stava per cominciare la proiezione. E ce ne andavamo quando le luci erano ancora spente, appena finito il film. Così, quando tra il primo e il secondo tempo si accendevano le luci, eravamo sempre molto circospetti e prudenti. Lui invece mi chiamò a distanza tranquillamente e venne a salutarmi, tanto che ricordo di aver temuto che qualche compagno in sala se ne accorgesse e mi riconoscesse.

Paola Frassinetti:

Ero in via Mancini quando ci arrivò la notizia dell'aggressione.
Rimanemmo tutti senza fiato perché si era capito che era stata un'aggressione particolarmente grave e violenta. E anche inaspettata, perché lui era andato da più di un mese in una scuola privata e in genere quando ti rifugiavi nelle private, la persecuzione finiva e tu ti salvavi. In genere...

Topo Gigio:

Quel giorno arrivai al Fronte verso le 16-16.30 e mi dissero: «Hanno sprangato Sergio Ramelli». C'era un grande subbuglio. Molta tensione. Sapevamo che lo avevano portato al Policlinico e che sarebbe stato operato alla testa. Eravamo tutti molto dispiaciuti e preoccupati.

Gianluca Bonazzi di Sannicandro, come abbiamo visto già citato da La Russa quando ha ricordato il giovedì nero, è un vecchio militante e dirigente missino del Bresciano.

In quegli anni è uno dei capi del Fronte della Gioventù milanese.

Nel nostro incontro, mi riferisce la sua testimonianza.

Ecco il suo ricordo di quelle ore:

Sono stato segretario provinciale del Fdg di Milano dal dicembre 1973 al febbraio 1975, poche settimane prima dell'aggressione a Sergio. Che avevo conosciuto al Fronte, dove veniva e frequentava il sabato pomeriggio, giorno dedicato ai fiduciari, cioè ai rappresentanti delle scuole della città e lui era il fiduciario del Molinari. Io e Nando Tadini, che era il responsabile scolastico del Fronte, avevamo deciso di nominarlo fiduciario per premiare il suo impegno e la sua militanza. Aggiungo che Sergio era stato anche nominato responsabile giovanile della sezione del Msi di Città Studi, quella che si trovava in via Olindo Guerrini, animata dall'indimenticabile Paolo Meucci. Quando mi dimisi, nel febbraio 1975, feci un giro di commiato presso le diverse sezioni milanesi. E in via Guerrini ritrovai Sergio che si disse molto amareggiato per la mia decisione. Mi ringraziò per la fiducia che gli avevo accordato e mi regalò una bandiera tricolore con scritto con la bomboletta spray «Fdg». Molti anni dopo ho regalato questa bandiera al cantante Federico Goglio, in arte Skoll, che spesso la espone durante i suoi concerti e ne racconta la storia.[16]

Ma torniamo al 13 marzo:

Quel giorno, non essendo più responsabile del Fdg, non ero in via Mancini ma a casa mia, a Gardone Riviera. Come seppi del fatto, corsi a Milano e andai al Policlinico e qui trovai un mondo di militanti che stazionavano sconcertati e sconvolti sia nella sala d'aspetto, sia sul marciapiede. La rabbia regnava sovrana e mi ricordo il fatto che con ostentazione, dall'altro lato della strada, che costituiva il retro della Statale, venivamo fotografati dai compagni che quasi ci dileggiavano e ci provocavano.

La notizia della violenta aggressione a Ramelli fa il giro della città.

E arriva anche a Palazzo Marino, dove è riunito il Consiglio comunale che ha all'ordine del giorno una grana bella grossa: il rinnovo del contratto dei dipendenti dell'Atm, la municipalizzata del trasporto pubblico cittadino.

Tra il pubblico, molti sindacalisti e dipendenti dell'azienda.

Chiede la parola Tomaso Staiti di Cuddia, capogruppo del Msi.

16 Incontro con l'autore a Milano il 13 novembre 2023.

Abbiamo recuperato il verbale della seduta quel giorno, che ci sintetizza l'intervento di Staiti:

> Il consigliere Staiti informa il consiglio di un grave episodio avvenuto nel primo pomeriggio ai danni di un giovane di 19 anni, Sergio Ramelli, che è stato aggredito selvaggiamente nei pressi della propria abitazione, da un «commando» di estremisti di sinistra e, attualmente, si trova ancora sul tavolo operatorio, avendo riportato gravi ferite al capo con fuoriuscita di materia cerebrale. Staiti aggiunge che il giovane aggredito era stato costretto a chiedere il trasferimento dall'Istituto Molinari ad altra scuola, perché perseguitato a causa della sua simpatia verso la destra.

Ma questo punto Staiti viene interrotto, perché accade una cosa pazzesca.

Tra il pubblico, alla notizia dell'aggressione selvaggia a Ramelli, in decine iniziano ad applaudire e urlare: «Bene», «Evviva».

Interviene il sindaco Aldo Aniasi.

Leggiamo ancora il verbale della seduta:

> Il sindaco richiama il pubblico a non dare segni di intolleranza e affermando di credere che nessuno possa applaudire ad atti di violenza e di criminalità dal momento che la causa dell'antifascismo la si difende in tutt'altro modo.

Riprende la parola Staiti:

> Fa presente che l'episodio citato non è stato l'unico della giornata in quanto, circa due ore fa, un gruppo di estremisti, staccatosi da un corteo, è penetrato all'interno della ditta Boering e Robins picchiando il custode e quattro o cinque impiegati e distruggendo mobili. Afferma che tale serie di episodi sta a indicare chiaramente che si vive in un clima di guerra civile,

come ebbe a dire in una seduta di qualche giorno fa. Ritiene che sia dovere del sindaco intervenire presso le autorità, affinché siano presi tutti i procedimenti atti a tutelare l'incolumità fisica di tutti i cittadini milanesi.

Ma le parole di Staiti sono continuamente interrotte da urla e minacce da parte del pubblico, tanto che interviene di nuovo Aniasi:

Il sindaco rivolge un nuovo avvertimento al settore del pubblico, poiché, se continuerà sul suo atteggiamento, sarà costretto a far sgombrare l'aula.

Riprende a parlare Staiti, il quale

rileva che, anche se dal banco della Presidenza si continua ad avvertire il pubblico a tenere un atteggiamento corretto, deve prendere atto che il sindaco, evidentemente, non sa trarre le logiche conclusioni e conseguenze da un comportamento che il pubblico manifesta nei suoi confronti quando prende la parola. Nell'affermare che non sarà certo il pubblico a imporgli di concludere, ribadisce la necessità che il sindaco, nei modi che riterrà più opportuni, intervenga presso le autorità competenti affinché a qualsiasi cittadino milanese sia consentito di transitare per le vie della città senza essere oggetto di selvagge e criminali aggressioni da parte di estremisti di sinistra.

5

1975: l'*annus horribilis*

Mentre Sergio Ramelli è ricoverato al Beretta, l'incendio ormai è stato appiccato.

Nell'autunno precedente, dopo l'uno-due stragista, Brescia-Italicus, a sinistra le acque si sono ulteriormente agitate.

E da più parti, intellettuali, sindaci e anche politici, si attribuisce al Movimento sociale il ruolo di contenitore e di ombrello parlamentare ai disegni golpisti e stragisti.

Così l'antica suggestione dello scioglimento del Msi per ricostituzione del disciolto Partito fascista torna attuale e, anzi, acquista adepti e sostenitori.

A promuovere una raccolta di firme per lo scioglimento del Msi sono praticamente tutti i gruppi a sinistra del Pci, ma anche partiti e associazioni che non sono nemmeno comuniste.

La raccolta parte in tutta Italia intorno alla metà di febbraio.

In prima linea Lotta Continua e Avanguardia Operaia.

Dal quotidiano *Lotta Continua* del 13 febbraio 1975:

> Psi, Acli, Uil, Flm, settori della Cfi aderiscono alla mobilitazione per il Msi fuorilegge. Unico assente, il Pci, nel più totale isolamento.

Leggiamo anche cosa scrive il giornale di Avanguardia Operaia, il *Quotidiano dei lavoratori*, l'11 marzo 1975:

> Aderiscono al comitato promotore per il Msi fuorilegge, tra gli altri Ferruccio Parri, Giorgio Benvenuto (segretario Flm), Camillo Benevento (segretario Uil), Camilla Cederna (giornalista), [...] Cesare Zavattini (cineasta), Franco Ferrarotti, [...] Franco Fortini (scrittore), Giorgio Gaslini (musicista), Noto Revelli (comandante partigiano), Alessandro Galante Garrone, [...] Bianca Guidetti Serra, Norberto Bobbio, Primo Levi, [...] Giovanni Bianchi (presidente Acli) [...].

Insomma, il vento dell'antifascismo soffia sempre più forte.

E l'obiettivo è il bersaglio grosso.

Per di più si va verso il trentennale della Liberazione.

Questa ricorrenza mette le ali ai promotori dell'iniziativa.

E accende gli animi.

Intorno alle 19 del 16 aprile la volante della Polizia «Alfa 41» sta circolando nel centro di Milano perché è da poco finita l'ennesima manifestazione dell'ex Movimento Studentesco, che si è sciolto l'anno prima fondendosi e ribattezzandosi Movimento Lavoratori per il Socialismo, Mls, da cui la definizione tra ironica e denigratoria dei gruppi avversari della sinistra: «le mele lesse».

A bordo ci sono gli agenti Salvatore Zampone e Giovanni Santisi.

Arrivati in piazza Cavour, angolo via Turati, vedono un gruppo di giovani intorno a una persona a terra e due di loro che cercano di rianimarlo.

A poca distanza una Mini Cooper verde, con il finestrino posteriore rotto.

Gli agenti chiedono alla centrale operativa di far inviare subito un'ambulanza.

Che arriva poco dopo e si porta via il ferito, accompagnato da due dei giovani che lo stavano assistendo.

Ma il giovane arriverà in ospedale già morto.

Si chiamava Claudio Varalli. E la causa del decesso sono colpi di arma da fuoco.

Arriva sul posto anche una vecchia conoscenza dei gruppi che fanno politica a Milano: il commissario capo Eleuterio Rea insieme alla sua squadra.

A poca distanza vedono un gruppo di giovani che al grido «La polizia, via via», cerca di disperdersi. Gli agenti li inseguono e ne fermano alcuni.

Poi fanno un giro nei giardini circostanti e trovano, nascoste tra i cespugli, undici chiavi inglesi, un bullone con dado, un tubo snodabile in metallo e un morsetto metallico.

Contemporaneamente, una squadra della Scientifica analizza la Mini Cooper con il vetro posteriore infranto.

E scopre che a essere infranto è anche il finestrino di sinistra. Sulla cui portiera compaiono delle macchie di sangue.

E non è finita, perché gli agenti scoprono dentro l'auto tre bossoli calibro 7,65.

Intorno alle 21 il maresciallo Eva trova nella galleria che immette al cinema Cavour tre volantini dal titolo: «Vietnam, Portogallo, Cambogia, un ammonimento per tutti». Firmati Fuan-Destra Universitaria.

Poco dopo viene accertato che la Mini Cooper è intestata a Enrica Missaglia, madre di Antonio Braggion, che risulta irreperibile e contro il quale vengono spiccati mandati di cattura.

Si scoprirà poi che Braggion è un militante di Avanguardia Nazionale.

Si cerca di capire cosa sia accaduto.

Molti testimoni, ascoltati in Questura, riferiscono di aver visto tre giovani parlare intorno alla Mini Cooper e, improvvisamente, avventarsi contro di loro un nutrito gruppo di coetanei che hanno cominciato a rompere i vetri dell'auto con dei pezzi di metallo e, mentre due giovani (uno dei quali teneva un dobermann al guinzaglio) riuscivano a fuggire, il terzo, dall'interno dell'auto, impugnava una pistola e sparava contro gli assalitori, colpendone uno.

Molto diversa la versione fornita da altri testimoni, per lo più militanti del Mls.

Secondo la quale, i giovani di sinistra avevano appena partecipato a una manifestazione in corso Garibaldi, organizzata dall'Unione Inquilini sul problema del caro affitti e si stavano dirigendo alla Statale quando erano stati oggetto di spari da parte del gruppo che stazionava vicino alla Mini Cooper.

Insomma, i militanti del Mls sostengono di essere stati oggetto, improvvisamente, di colpi di arma da fuoco da parte dei fascisti, mentre gli altri testimoni, estranei al movimento, raccontano che erano stati loro ad aggredire il gruppetto a colpi di chiave inglese e che uno dei tre, intrappolato all'interno dell'auto, aveva sparato per difendersi dall'aggressione, uccidendo purtroppo il giovane Varalli.

Ecco le conclusioni a cui giungerà, al termine del processo di primo grado, tre anni dopo, la Corte d'Assise di Milano il 19 dicembre 1978:

Le risultanze processuali consentono, sia pure con enorme difficoltà, la ricostruzione dell'episodio, oggetto del presente procedimento. Giova subito precisare che, a tal fine, di nessun aiuto appaiono le versioni fornite dal gruppo di giovani del quale faceva parte il povero Varalli, innanzitutto per il loro comportamento processuale, smaccatamente sleale: essi infatti, sentiti come testi dalla Polizia la sera dei fatti, affermarono in sostanza di non aver potuto notare lo svolgimento degli avvenimenti. Poi, interrogati come imputati, si sono avvalsi della facoltà di non rispondere, con una motivazione, secondo il loro punto di vista, «politica». Quindi con la denuncia del 15-12-1975, a ben otto mesi da quella tragica sera, hanno fornito una versione che trova un qualche addentellato, esclusivamente nella testimonianza di uno del gruppo, Sisti William.[17]

Fatta questa premessa, la sentenza prosegue così:

> La ricostruzione dell'accaduto va svolta invece sulla base dei fatti obiettivi, che si traggono dai rilievi tecnici effettuati dalla Polizia Scientifica, dalla perizia medico-legale-balistica, nonché dalle testimonianze rese dalle persone presenti, estranee alle parti in causa.

Ecco dunque quello che è accaduto. Scorriamo ancora i passaggi della sentenza in cui sono ricostruiti inizialmente i movimenti del gruppo di simpatizzanti di destra che si ritroverà intorno alla Mini Cooper:

> Nel tardo pomeriggio del giorno 16 aprile 1975, dunque, il Barone si incontrò con i fratelli Luca e Filippo Mellhausen e un loro amico, intrattenendosi con essi sul marciapiede antistante il bar tabacchi di via Turati. A un certo punto i tre entrarono nel bar per consumare qualche cosa, mentre il Barone preferì rimanere fuori, sia perché aveva con sé il cane dobermann sia perché aveva visto sopraggiungere il Braggion che aveva posteggiato la sua Mini dinnanzi alla farmacia Comotti in seconda fila [I due giovani rimasero a parlare, quando arrivò anche lo Spallone, chiacchierarono tra di loro per qualche tempo e poi decisero di congedarsi [...]. Erano le 19.30 ed essi si trovavano di fianco alla Mini, lato destro [...]. In quel momento, nel marciapiede opposto alla via Turati, stavano camminando in

17 Sentenza di primo grado della Prima Corte d'Assise di Milano del 19 dicembre 1978, per l'omicidio di Claudio Varalli.

direzione di piazza Cavour numerosi giovani, divisi in piccoli gruppi. Giunti all'incirca a una decina di metri prima del bar Milanese, dalle suddette persone si staccò un gruppo di circa dieci-quindici ragazzi, che improvvisamente attraversarono di corsa la via Turati, dirigendosi verso l'autovettura del Braggion. Il gruppo si avventò contro la Mini Cooper dei tre giovani, circondando sia il veicolo che le persone, non vi fu colluttazione né scambio di invettive e prima che fosse ultimata l'operazione di accerchiamento, due dei giovani riuscirono a fuggire. Si trattava del Barone e dello Spallone [...].
A questo proposito è bene sottolineare che il gruppo dei ragazzi era munito di corpi contundenti: di chiavi inglesi, di sassi, di cubetti di porfido e di altri arnesi. Il particolare invero venne notato da quasi tutti i testi e alcuni di questi oggetti, abbandonati dagli stessi giovani durante la loro fuga, furono rinvenuti nel corso del loro inseguimento dai verbalizzanti e sequestrati. Con tali strumenti i ragazzi colpirono la carrozzeria e infransero i finestrini della fiancata sinistra e del lunotto della macchina del Braggion [...]. Nel frattempo, e precisamente subito prima che venisse infranto il lunotto dell'auto, il Braggion si introdusse nella macchina, salendo attraverso la portiera destra, poiché su tale lato non vi era nessuno del gruppo [...]. D'altro canto, nel momento in cui saliva in macchina, il Braggion era stato già certamente ferito, poiché solo nel salire in auto può aver lasciato sul finestrino della portiera destra le notevoli tracce di sangue, posto che è da ritenere che egli sia poi disceso dal lato sinistro dell'auto, come è dimostrato dalle tracce di sangue sulla fiancata destra dell'auto stessa [...]. Salito, dunque, in macchina, il prevenuto si sedette trasversalmente sul sedile di destra, mentre i giovani continuavano a sferrare i loro colpi, gettando pure all'interno del veicolo il pezzo di ferro rinvenuto sul piano portaoggetti posteriore, ed uno di loro protendeva il braccio all'interno della Mini. A questo punto il Braggion estrasse un'arma. Qualcuno del gruppo urlò: «È armato, attenti, spara, scappiamo». Il grido fu avvertito da molte persone [...]. Dall'interno della Mini, Braggion sparò tre colpi.

Insomma, alla fine la verità verrà a galla.

Ma nell'immediato, la versione corrente sarà quella fornita dai militanti del Mls e cioè che i suoi giovani, reduci dal corteo, sono stati fatti oggetto di tiro al bersaglio da parte dei fascisti e che Varalli è stato ucciso deliberatamente e a sangue freddo da Braggion.

È la miccia che darà fuoco alle polveri.

A 9 giorni dal 25 aprile, trentesimo anniversario della Liberazione, la chiamata alle armi è generale.

Ed è accolta da tutti i gruppi.

Mls, Lotta Continua, Avanguardia Operaia in prima fila.

Un fascista ha ucciso un compagno, bisogna assaltare e distruggere il covo nero del fascismo milanese. La federazione provinciale missina di via Mancini.

Che poi Braggion risulti militante di Avanguardia Nazionale e non del Msi e che, ovviamente, l'Msi sia estraneo alla vicenda, è del tutto irrilevante.

In queste ore il tam tam corre veloce. Tutti in piazza contro i fascisti.

La marea rossa ora è un mare in tempesta. Che a mezzanotte si abbatte sulla Same, la tipografia in cui si stampano la *Gazzetta dello Sport* e l'*Avanti!*, ma anche *La Notte* e, soprattutto, il *Giornale nuovo* di Indro Montanelli.

È questo l'obiettivo degli assalitori.

I primi camion che escono con le copie del quotidiano vengono bloccati, per leggere come e cosa ha scritto il quotidiano sulla morte di Varalli.

Il *Giornale* scrive la verità, e cioè che Braggion e i suoi amici sono stati oggetto di un'aggressione a colpi di chiavi inglesi e che il neofascista, per difendersi, ha sparato, uccidendo Varalli.

Ma questa verità non è ammissibile.

Scatta l'assalto.

Picchiati un tipografo e un custode, sfasciati vetri e telefoni.

Si cercano i banconi del *Giornale* per distruggere le pagine di piombo.

Ma improvvisamente i tipografi fanno muro.

Allora un gruppo tenta di imboccare le scale che portano alla redazione del *Giornale*, ma non riesce a entrare.

Gli assalitori costringono allora i giornalisti della *Notte* a scrivere una descrizione di quanto accaduto, praticamente sotto dettatura.

Quella che segue è la cronaca di una giornata interminabile.

Ore 8. Gli studenti medi di tutte le scuole si radunano in piazza Santo Stefano, vicino alla Statale.

Ore 8.30. Un commando rosso, munito delle solite chiavi inglesi e di pesanti spranghe di ferro, aspetta sotto casa l'avvocato Cesare Biglia, 47 anni, consigliere provinciale del Msi.

Appena lo vedono uscire, in via Caminadella, parte il cucchino.

Lo pestano senza fermarsi, con violenza inaudita.

Con Biglia c'è la moglie. Picchiano anche lei.

L'avvocato raggiungerà il povero Sergio, nel «solito» Beretta, con gravi lesioni cerebrali in prognosi riservata.

Ore 9.15. Un commando tenta di entrare nelle sede missina di via Murillo, ma la porta tiene e allora si accontenta di lanciare da una finestra alcune bottiglie molotov.

Poco dopo, la porta di un'altra sezione del Msi, quella di via Olindo Guerrini, cede all'urto degli assalitori, che entrano e la incendiano.

Ore 10.40. È la volta dei bar dove bivaccano i sanbabilini: a prendere fuoco sono il Gin Rosa e il Borgogna.

Ore 11.45. Un commando di centinaia di persone assalta e dà fuoco alla sede del settimanale di destra *Lo Specchio*, diretto da Giorgio Nelson Page. I redattori fanno appena in tempo a salvarsi.

Ore 12.30. Sono in migliaia, guidati dai servizi d'ordine di Casoretto, Mls, Lotta Continua e Avanguardia Operaia, a scagliarsi contro la federazione provinciale missina di via Mancini.

Dentro, ovviamente, non c'è nessuno.

Dopo la morte di Varalli, il tam tam tra i militanti missini è corso immediato e veloce.

Sta per scatenarsi la caccia al fascista. Meglio starsene nascosti e rintanati in casa.

A proteggere il fortino nero, un doppio cordone di reparti celere di polizia e carabinieri, con tanto di blindati e cavalli di frisia.

Ma gli assalitori sono davvero tanti.

E la battaglia esplode violenta.

Da una parte cubetti di porfido, biglie d'acciaio, molotov e le solite Hazet 36, dall'altra lacrimogeni e cariche con blindati a go-go.

Torniamo al capo dei Katanga, Mario Martucci:

Quei giorni me li ricordo benissimo. Ho ancora davanti agli occhi l'assalto in via Mancini. Fu un'operazione di piazza e di massa. Vi parteciparono tutti i gruppi. Fu un'azione bellissima, spontanea. La cosa che mi colpì di più fu il lancio, da parte di un compagno, di una grossa pietra che a molti metri di distanza colpì con precisione e mandò in frantumi il cruscotto di una camionetta della polizia.

Mario Ferrandi:

L'assalto alla federazione fascista fu deciso la notte prima da una serie di riunioni, molto aperte a chiunque volesse partecipare, che si tennero ad Architettura e in aula magna alla

Statale. Quel giorno parteciparono tutti i gruppi della sinistra rivoluzionaria. E quando partecipavamo tutti insieme, la nostra forza d'urto era spaventosa. E infatti la polizia cedette al nostro assalto a colpi di molotov. Sfondammo il loro cordone e ci lanciammo verso la sede della federazione. Ma a quel punto accadde una cosa per noi inaspettata. I carabinieri che si trovavano dentro la sede cominciarono a spararci addosso dai balconi del locale. Ricordo che alcuni proiettili centrarono le insegne della Upim. Io e altri ci nascondemmo dietro alcune macchine e vedemmo che loro sparavano con i mitra anche dalle finestre. Così ci fermammo e ci ritirammo. Andare avanti avrebbe significato solo una cosa: che avrebbero sparato ad altezza d'uomo. Eravamo comunque felici e soddisfatti. La nostra azione era stata una grande operazione che, a livello di immagine, aveva portato a una vittoria politica.

Tutto sembra finito, per fortuna senza spargimenti di sangue.

Ma purtroppo non andrà così.

Sentiamo ancora Ferrandi:

I carabinieri, temendo il peggio e non essendo stati informati del fatto che il corteo, ormai appagato, aveva deciso di ripiegare alla Statale, si lanciano contro di noi con il solito metodo dello spazza-marciapiedi, cioè si lanciarono con due camion a tutta velocità sui marciapiedi per farci sfollare e disperdere. Purtroppo uno di loro colpì il compagno Giannino Zibecchi, passandoci sopra e uccidendolo sul colpo.

Anche Zibecchi, giovane insegnante, è un militante del Movimento Lavoratori per il Socialismo, l'ex Movimento Studentesco, come Varalli.

Sentiamo Martucci:

Fu una cosa brutta. Certo, a posteriori mi rendo conto che non c'era la volontà di uccidere, fu un incidente. Fu un errore umano dell'autista del camion. Ma in quei momenti la pensavamo e vedevamo all'opposto. Per noi polizia e carabinieri erano solo degli assassini al soldo della reazione.

Quel giorno a manifestare contro i fascisti c'era anche la militante di Avanguardia Operaia Valeria Fedeli:

> Io ero già inserita in Cgil come delegata, ma militavo ancora in Ao. Ricordo la confusione, le mototov, i lacrimogeni lanciati dalla polizia. Noi che indietreggiamo e loro che ci inseguono con scudi e manganelli. Arrivai alla Camera del Lavoro e cercai di rifugiarmi dentro, ma loro mi chiusero il portone in faccia e non mi fecero entrare anche se mi conoscevano benissimo. Poi mi spiegarono che se avessero aperto il portone e fatto entrare me e gli altri compagni, la polizia si sarebbe accanita anche contro di loro [...]. Ma furono momenti di paura e terrore puri. Dopo quel giorno io e molti altri ci allontanammo dai movimenti. Troppo odio, troppa violenza...

Al di là della reazione di rigetto di Valeria Fedeli e altri militanti, in realtà l'uno-due Varalli-Zibecchi non farà altro che convincere l'estrema sinistra italiana in generale e milanese in particolare, del fatto che sia reale un'alleanza fascisti-forze dell'ordine-governo in funzione antioperaia e reazionaria.

Con tutte le conseguenze del caso.

Nuovi assalti a sedi e circoli di destra, nuovi scontri per strada contro le forze dell'ordine.

Negozi distrutti, vetrine infrante.

Locali incendiati dalle molotov.

Su YouTube mi sono imbattuto in un documento molto interessante: un video girato e riprodotto in quei giorni dalle cineprese del Collettivo Cinema Militante Milanese.

Si apre con questo incipit:

Milano 7 marzo-25 aprile.
PAGHERETE CARO
PAGHERETE TUTTO

Poi partono le immagini.

Si vedono sfilare per le vie di Milano in corteo migliaia di operai in tuta da lavoro che cantano slogan di rivendicazione sociale e salariale, oltre che invettive contro i padroni e il capitale.

Sopra tutti lo slogan: «Avanti popolo alla riscossa, bandiera rossa trionferà».

Poi si sente una voce fuori campo che spiega cosa sta accadendo.

Ascoltiamola insieme:

7 marzo 1975. È mezzogiorno quando nelle fabbriche arrivano le prime telefonate dalla Camera del Lavoro. I fascisti hanno organizzato un raduno a San Babila. Bisogna impedire che si ripetano le provocazioni che hanno fatto a Roma.[18] Bisogna mandare delegazioni dalle fabbriche a presidiare la sede dell'Associazione Nazionale Partigiani d'Italia, che è a poche decine di metri da San Babila.

Intanto continuano a scorrere le immagini della manifestazione antifascista.

I partecipanti sono davvero tanti: operai, studenti, insegnanti.

Ora il corteo sta urlando «Almirante assassino» e «Morte al fascio».

18 Il riferimento è agli scontri del 27-28 febbraio precedenti, avvenuti intorno al Tribunale di Roma, dove si teneva il processo per la strage di Primavalle, culminati in un assalto a colpi di pistola di un gruppo di estremisti di sinistra alla sezione del Msi di via Ottaviano, dove restò ucciso il giovane studente di origine greca Miki Mantakas, militante del Fuan romano.

La voce riprende a spiegare:

> Da tutte le fabbriche non ci sono solo delegazioni a scendere in strada, ma il grosso degli operai. Dopo la mensa non si riprende il lavoro. Il secondo turno non entra neanche. Decine e decine di cortei si dirigono verso il centro. Si fermano macchine private per arrivare in tempo. Si scende dai mezzi pubblici una fermata prima di San Babila, per arrivare in piazza inquadrati. Qualcuno per la fretta non ha portato lo striscione. Ma ci sono bandiere, martelli, chiavi inglesi *(sic)*. I fascisti naturalmente sono fuggiti.
> Qualche fascistello, rimasto in circolazione, si prende quattro sberle o perde la moto e lo zainetto pieno di catene. «Meglio prevenire che reprimere» ha detto ridendo un operaio.

Nel frattempo le immagini mostrano una moto in piazza San Babila, data alle fiamme dai dimostranti, con i vigili del fuoco che stanno spegnendo l'incendio e alcuni manifestanti che mostrano una lunga catena a favore di cinepresa.

Poi la voce narrante torna a parlare:

> C'è la conquista travolgente da parte degli operai del centro di Milano. «Non era mai accaduto» titolerà il *Corriere della Sera*. Accadrà ancora nelle giornate di aprile.

Si passa all'episodio successivo e torniamo alla raccolta di firme per la messa fuorilegge del Msi:

> 18 marzo, assemblea antifascista alla Montedison di Rho: parla il compagno Alidiano del reparto 67 Lattici. «Il '69 che segna l'inizio della grande controffensiva operaia, l'autunno caldo in tutte le fabbriche, le vertenze per il rinnovo dei contratti, è stato fermato dalla strategia della tensione. Il 12 dicembre esplode la famosa bomba di piazza Fontana. Il giorno dopo giornali e telegiornali escono tutti a pieno titolo: gli anarchici,

i rossi, mettono le bombe e fanno le stragi. Si voleva stroncare la forza e la combattività della classe operaia. Più avanti vedremo che gli autori e i mandanti della strage sono quelli del Movimento sociale. Implicati oggi sono Freda, Ventura e altri fascisti. E così si continua con la politica della provocazione. Delle bombe sui treni, delle bombe alle sedi dell'Anpi, alle sedi del Partito comunista. Aggressioni squadristiche, attentati in continuazione. Il periodo della campagna per il referendum, dove la Dc, guidata da Fanfani, tentò la riconquista di un aggancio elettorale andando allo scontro sul divorzio e anche qui perdono. Perché la maggioranza dei cittadini democratici dice no alla politica democristiana e all'avventura reazionaria. Subito dopo esplode la bomba di Brescia. Ancora vittime, ancora sangue. Poi ancora la strage dell'*Italicus*. Intanto, il partito di Almirante, il partito che è la vera centrale della provocazione, riesce ancora a organizzare e a tenere comizi dovunque, in tutte le piazze, perché la magistratura e la polizia si schierano sempre a sua difesa. E oggi non c'è migliore modo per commemorare e rinnovare la Resistenza antifascista che accogliendo l'istanza di messa fuori legge del Movimento sociale. Proposta inizialmente da circa 30 consigli di fabbrica, siamo oggi arrivati all'adesione di oltre 300 consigli di fabbrica, di sezioni dell'Anpi, di sezioni del Partito socialista, di molti comandanti partigiani e di ampie forze democratiche e popolari.»

Il discorso viene salutato da uno scrosciante applauso degli operai presenti.

Poi nuova scena.

Un muro bianco con la scritta con la vernice spray: «Oggi le nostre bandiere sono a lutto. Pagherete caro. Pagherete tutto».

Entriamo nei giorni più caldi. Il riferimento è alla morte di Varalli.

E infatti la scena successiva, girata la sera stessa dell'omicidio, inquadra un gruppo di militanti sul luogo dei fatti.

Uno di loro sta parlando al megafono: «Il compagno Varalli, passando da piazza Cavour con altri compagni di ritorno da una manifestazione sulla casa, è stato fermato dalle carogne fasciste del Fuan che lo hanno ucciso con una rivoltellata alla tempia».

Contemporaneamente le immagini mostrano la Mini Cooper di Braggion, con tutti i finestrini completamente distrutti dalle chiavi inglesi.

Si passa poi all'interno di un'aula della Statale e dalla cattedra un giovane dice:

> Il compagno come sapete aveva 17 anni, frequentava l'istituto professionale, l'assassinio è stato proprio a freddo *(sic)*. A colpi di machine-pistol *(sic)*.
> Non c'è dubbio che noi consideriamo una vergogna che il Movimento Studentesco da solo ha avuto circa 60 arresti in quattro mesi, colpevoli di portare qualche pezzetto di ferro *(sic)* per difendersi e non un solo fascista è stato preso, mentre tutti sanno che commerciano armi. Mentre in questo momento, la politica dell'arco costituzionale è unita con generali e carabinieri, risse e provocazioni a sinistra, non c'è dubbio che vi siete dimenticati che a Milano, mentre altri dicevano: chiudiamo a spranghe le sezioni, gli studenti, il movimento unitario, i democratici hanno detto: presidiamo il Palazzo di giustizia e la dimostrazione è che quando scendono in campo le forze democratiche, i fascisti entrano al Palazzo di giustizia con l'*Unità* in tasca per non farsi riconoscere. Non c'è dubbio che tutte le forze democratiche a Milano trarranno la conclusione che per i fascisti non c'è circolazione.

Poi le immagini tornano sul luogo dell'omicidio, con i militanti che salutano a pugno chiuso e urlano: «Compagno Varalli, te lo giuriamo, ogni fascista preso, lo massacriamo»; e cantano: «Compagno Varalli, sarai vendicato dalla violenza del proletariato».

Ci siamo. Torna la voce narrante:

16 aprile, mezzanotte, il *Giornale* di Montanelli esce con un articolo provocatorio sui fatti. Immediata la reazione indignata della folla che si era radunata in piazza Cavour, dove è stato assassinato Varalli, a poche decine di metri dalla tipografia Same, che stampa anche il *Giornale*.

Ora le immagini mostrano i vetri della tipografia distrutti e le voci dei tipografi presenti.

Poi alcuni di loro che tengono, per farla inquadrare meglio dalla cinepresa, la prima pagina del quotidiano. E uno che dice: «Non lo leggo neppure quel giornale lì. Vaffanculo, cazzo, non possono uscire con degli articoli assurdi sulla morte di un compagno».

Un altro lo interrompe: «Uei, compagni, 'sti cazzo di fascisti girano con le pistole, eh».

E la prima voce aggiunge: «C'era un compagno che è arrivato e ha cominciato a leggere l'articolo, i compagni del servizio d'ordine che erano lì, hanno sentito e hanno detto: cazzo, questo qua è provocatorio, chi l'ha scritto è un figlio di puttana. "Dov'è che fanno il giornale? Lì dietro, allora andiamo lì". Senza sapere che questo è uno stabilimento dove si stampano i giornali e che la redazione è in un altro posto».

Un'altra voce aggiunge: «Quando mi hanno detto che qui si stampa anche l'*Avanti!* sono uscito» e la prima voce, con forte accento campano, aggiunge: «Cazzo, ci mancherebbe, se i fascisti vengono in fabbrica da me non escono certo vivi, vanno a finire in qualche cisterna di acido solforico».

Poi viene inquadrato un portavoce della tipografia che legge una nota.

Comunicato del Consiglio di fabbrica Same e del Comitato antifascista Same. Denunciamo il tono mistificatorio di certa stampa. E ci battiamo contro coloro che con queste informazioni di parte, tentano di squalificare la lotta delle masse popolari. Come prima risposta, abbiamo deciso di bloccare il *Giornale nuovo* di Indro Montanelli, per la tendenziosità della cronaca sul fascista assassino, decidendo di riprendere la stampa del *Giornale nuovo*, solo dopo la pubblicazione di un comunicato del Consiglio di fabbrica e del Comitato antifascista. In questo clima di falsi estremismi i lavoratori comprendono che la violenza vera è solo fascista. Pertanto si battono per la messa al bando del Movimento sociale italiano.

Siamo alla mattina successiva: la cinepresa segue il corteo guidato dai principali servizi d'ordine e riprende le vetrine rotte e i bar di San Babila devastati e incendiati.

La marea di manifestanti è davvero imponente e non si ferma.

Ora sono in molte migliaia a urlare «Almirante assassino», mentre si dirigono verso via Mancini.

A distanza si vedono polizia e carabinieri in assetto antisommossa a difendere la federazione. Mentre si prepara l'attacco finale, si trova il tempo per entrare, devastare e incendiare, come abbiamo visto, anche il settimanale *Lo Specchio*.

Scorrono le immagini dei locali del giornale in fiamme.

A spiegare quello che accade, torna la voce campana che avevamo lasciato alla tipografia Same.

Sentiamola:

Lo Specchio, il settimanale fascista, è andato in fuoco da solo *(sic)*. È stato un colpo di sole.

La cinepresa ora inquadra tutto l'archivio cartaceo del

giornale che è stato lanciato per strada dai manifestanti, mentre si sentono le sirene delle autobotti dei vigili del fuoco appena arrivati per spegnere le fiamme e la solita voce che dice ai vigili: «Calma, calma. Che bella scena, madonna mia, bellissima. Al sole brucia tutto. Ci sono i fascisti là dentro, lasciateli bruciare».

Ora i servizi d'ordine sono quasi arrivati in via Mancini e urlano: «Le sedi fasciste si chiudono col fuoco, anche se questo è ancora troppo poco».

Parte l'assalto.

Il caos adesso è totale.

Sono in molte decine a lanciare molotov, sassi e cubetti di porfido contro la polizia.

Si sentono gli spari dei lacrimogeni.

Poi compaiono i caschi in testa e le Hazet 36 in mano, le lunghe e pesanti chiavi inglesi con le quali vengono colpite violentemente auto e vetrine di negozi.

La battaglia divampa.

Gli assalitori spostano le auto e bloccano le strade limitrofe mentre la polizia continua a sparare lacrimogeni contro il corteo.

Ripresi dalla cinepresa anche lanci di molotov.

Fumo, fiamme, auto distrutte e incendiate.

Urla, da una parte e dall'altra.

Ambulanze che arrivano a sirene spiegate.

Poi i camion dei carabinieri lanciati a tutta velocità mentre alcuni manifestanti ne distruggono i finestrini a colpi di pietre.

Sono i momenti che precedono la tragedia della morte di Zibecchi.

Ecco, ora le cineprese inquadrano il corpo del giovane a terra, schiacciato dal camion che lo ha calpestato.

E la battaglia si riaccende.

Alcuni agenti portano via un loro collega colpito al viso da biglie di ferro.

Infine il corteo si ritira.

E le ultime immagini del documentario indugiano ancora sul corpo senza vita di Zibecchi con la testa maciullata.

Questi due giorni di metà aprile si chiudono con un bilancio terribile.

Due giovani uccisi. Decine di feriti tra manifestanti, poliziotti e carabinieri.

Un dirigente missino in fin di vita con la testa spaccata.

Bar, automobili, sedi di giornale e di partito distrutte e incendiate.

Il centro della città completamente devastato.

6

La morte e la vergogna

Mentre Milano è in fiamme, in una stanza del reparto Beretta al Policlinico c'è un ragazzo che lotta contro la morte.

Sergio è stato operato d'urgenza al cranio.

Gli hanno tagliato a zero i lunghi capelli.

Ha la testa tutta fasciata.

E alterna momenti di lucidità ad altri di torpore e di stato comatoso.

Fatica a parlare. I tanti amici che si presentano all'ingresso dell'ospedale cercano, parlando con i genitori, con il fratello e con la ragazza, Flavia, di capire come sta andando.

Se ce la farà.

Se sopravviverà.

Ma l'accanimento contro di lui e la sua famiglia non si ferma nemmeno di fronte a questo.

Il 28 aprile un corteo di estremisti rossi, partito, come al solito, dalla vicina facoltà di Medicina in Città Studi, improvvisa un corteo verso casa Ramelli.

Leggiamo ancora la sentenza:

> Un gruppo di giovani travisati, recatisi in corteo in via Amadeo 40, effettuavano scritte sul muro dello stabile e affiggevano un manifesto intimando al custode di non staccarlo. Sia le scritte, sia il manifesto contenevano minacce contro Luigi Ramelli e l'avvertimento di sparire entro 48 ore, se non voleva

fare la fine del fratello. Il manifesto veniva defisso solo dal personale della Questura, avvocato dalla famiglia Ramelli.

Il giorno dopo, Sergio cessa di vivere.
Paola Frassinetti:

Ora di pranzo. Ero appena tornata a casa da scuola. Entrai in sala da pranzo, i miei erano a tavola. Mi guardavano, in silenzio. L'avevano saputo dal telegiornale e non sapevano come dirmelo. Entrando, avevo sentito solo mia madre dire a mio padre: «Povero ragazzo». Allora gli chiesi: «Cosa è successo?» E a quel punto mi hanno detto di Sergio.

La voce ora si è incrinata, gli occhi si riempiono di lacrime, per alcuni secondi non riesce a proseguire, poi si fa forza e va avanti:

In quei 45 giorni di agonia ero andata diverse volte a trovarlo in ospedale. Insieme a una mia amica. Non ricordo chi fosse, forse la Cristina... [probabilmente Cristina Constantinescu, militante della destra milanese e cantante del gruppo Amici del Vento, *N.d.A.*] Ma non ci fecero mai entrare per vederlo. La porta della sua stanza era chiusa. Ricordo anche altri di noi che sostavano davanti alla stanza, soprattutto ragazze. Noi del Fronte avevamo anche paura che ci aspettassero fuori i compagni e ci aggredissero ma andammo lo stesso. Per un periodo si era diffuso anche un po' di ottimismo, perché si era ripreso, aveva chiesto da bere la Coca-Cola e i libri per studiare per la maturità. E invece poi è finita come sappiamo.
Dopo la sua morte, giravano tante leggende e voci. Quella più diffusa parlava di infermieri comunisti che avevano lasciato aperte le finestre della sua stanza per accelerarne la morte e fargli venire la polmonite che poi effettivamente fu la causa della morte. Ma ripeto, erano solo voci, sicuramente infondate...

Topo Gigio:

> Quel giorno fu davvero terribile. Lo sapemmo in via Mancini. SI, ricordo anch'io che si diceva che un giorno la madre era entrata in stanza da lui al reparto e aveva trovato le finestre spalancate e lui completamente scoperto. Da lì si ammalò prima di bronchite e poi di polmonite.

Guido Giraudo è un personaggio molto noto negli ambienti della destra, non solo milanese. Giornalista, musicista e frontman del gruppo di musica alternativa «Amici del Vento», da molto tempo si sta impegnando a tener vivo il ricordo della storia e della memoria di Sergio Ramelli, al quale ha dedicato diverse pubblicazioni.

Lo incontro nell'ottobre del 2023 ed è lui a portarmi nella zona di Città Studi, nel luogo dell'aggressione, all'obitorio e poi nella chiesa dei Santi Nereo e Achilleo, che frequentava Sergio e dove si tennero anche i suoi funerali.

Ecco cosa ricorda di quel giorno:

> La notizia arriva in via Mancini nel primo pomeriggio. Stiamo tutti là. È morto Sergio, ci dicono. Non ricordo chi. Il gelo si impadronisce di noi. Siamo tutti choccati, paralizzati. Soprattutto i ragazzi più giovani, quelli del Fronte. Allora noi universitari decidiamo di agire subito. In quel momento siamo presenti in tre in federazione: io, Enrico Torelli e Cristiana Muscardini, che è la presidente del Fuan. Saliamo in macchina e ci precipitiamo in via Amadeo. Attacchiamo subito un improvvisato manifesto di cordoglio per Sergio sul muro del suo palazzo, accanto all'ingresso; Cristiana va a comprare dei fiori e diamo vita subito a una veglia, un picchetto funebre. Poi arriverà la polizia, poi la municipale che transennerà il palazzo. Poco dopo tutti i ragazzi del Fronte. Ma noi del Fuan manterremo e coordineremo il picchetto per tre giorni e tre notti. Fino al momento dei funerali.

La notizia della morte di Ramelli raggiunge anche Palazzo Marino, dove è in corso un Consiglio comunale.

E allora torniamo a leggere i verbali del Consiglio comunale, questa volta della seduta pomeridiana del 29 aprile:

> Il sindaco pronuncia il seguente intervento: «Purtroppo la violenza ha provocato un'altra vittima. È deceduto al Policlinico, dove era ricoverato in seguito a un'aggressione subita sotto casa in via Paladini il 13 marzo scorso, lo studente Sergio Ramelli. Di fronte a questo nuovo lutto, che si aggiunge alla catena di delitti e di violenze che hanno insanguinato Milano, è necessario ribadire la condanna più decisa, già espressa in Consiglio comunale quando abbiamo avuto notizia dell'aggressione a Ramelli e in numerose altre occasioni. Viva condanna senza appello per le violenze, le aggressioni e gli atti barbari, commessi contro chiunque, ma in particolare contro i giovani. Non vi sono giustificazioni o attenuanti, né vi possono essere comprensioni di sorta per chi spara, chi usa spranghe, chiavi inglesi, bastoni, catene per colpire gli inermi. Questi sono atti contro la civiltà e la democrazia, non importa chi li compia. Sono atti contro la morale, sono comportamenti vili perché prendono di mira gli inermi. Alla famiglia dello studente deceduto ho fatto pervenire le condoglianze del Consiglio comunale».

A differenza di quanto avvenuto nel pomeriggio della sua aggressione, stavolta il pubblico tace. Un silenzio assordante avvolge la sala di Palazzo Marino. Un silenzio interrotto solo dall'intervento di Tomaso Staiti che chiede a sua volta la parola.

Proseguiamo nella lettura del verbale:

> Tomaso Staiti di Cuddia delle Chiuse chiede la parola per prendere atto della comunicazione del sindaco. Dichiara di non voler pronunciare in tale occasione parole che incitino an-

cora all'odio in una città che dall'odio è stata sconvolta e per l'odio politico pesantemente colpita [...]. Spera che tale ennesima tragedia induca a riflettere che la predicazione dell'odio non può assolutamente servire alla causa né della libertà né della democrazia. Infatti, sostiene che, se la democrazia è un sistema di convivenza civile, essa ha un significato quando tutti i cittadini, quando tutte le parti politiche sono messe in grado di esprimere liberamente il proprio pensiero.

Mentre in Comune si discute, una macchina con quattro giovani arriva, sgommando, in via Amadeo, 40.

Sono militanti del Fuan, la destra universitaria, guidata dalla presidente provinciale, Cristiana Muscardini.

Tra di loro anche Giraudo.

Improvvisano un picchetto d'onore.

Depongono un mazzo di fiori all'ingresso del palazzo, affiggono un manifesto con la foto di Ramelli ritagliata da un giornale.

E sull'attenti, cominciano il turno di veglia, che durerà, con altri militanti di destra che si alterneranno, fino al momento dei funerali.

Già, i funerali. La Questura non si è ancora ripresa dalle battaglie di metà aprile e sia il prefetto, sia il questore, ma anche a Roma, sono terrorizzati dall'idea che possano essere occasione di altra violenza, altro sangue, altri morti.

E allora decidono di non autorizzare il corteo funebre che dovrebbe scortare Ramelli dall'obitorio alla chiesa dei Santi Nereo e Achilleo, tragitto peraltro non più lungo di un chilometro.

Questo divieto, però, non farà altro che esacerbare gli animi, già scossi e tesi, dei militanti neofascisti, che la mattina del 2 maggio arrivano numerosi davanti all'obitorio e improvvisano comunque un corteo per scortare il giovane fino alla chiesa.

La Russa:

Ci impediscono di fare il funerale. Primo caso al mondo di corteo funebre vietato. Dall'obitorio alla chiesa, che non è lontana, siamo andati alla spicciolata, con le corone di fiori in mano e la polizia che ci intimava di non scendere dal marciapiede. Poi, davanti al cortile della chiesa, si forma un corteo che per una ventina di metri percorre la distanza che ci separa dall'ingresso. Ricordo Almirante e Servello che tengono sulle spalle la bara; io non la prendo perché ho la preoccupazione di proteggere i nostri ragazzi, perché mentre ci spostavamo dall'obitorio alla chiesa, dai balconi e dalle finestre della facoltà di Medicina, a decine i compagni ci fotografavano, con la polizia che assisteva alla scena senza intervenire. Ricordo anche la corona di fiori del presidente della Repubblica, ma senza la presenza dei corazzieri. Cosa piuttosto anomala.

Frassinetti:

Io e altri entrammo nell'obitorio per l'ultimo saluto. Ricordo la bara aperta con il tricolore sopra e una fascia di cotone bianca intorno alla testa. Questo è il ricordo che ho ancora oggi di Sergio morto.

Topo Gigio:

Ero tra i militanti che parteciparono al picchetto d'onore ai lati della bara all'obitorio. Ero sull'attenti e lo sguardo fisso ma ogni tanto un occhio a Sergio glielo davo. Ricordo che l'uso prolungato delle cannette dell'ossigeno gli aveva fatto venire dei buchi nel naso grossi così. E poi ricordo che aveva la testa interamente ricoperta da una fascia bianca, con dei risvoltini, come delle volute. E il volto praticamente bianco.

Il corteo, anche se non autorizzato, si incammina verso la chiesa per la cerimonia funebre.

Ma per arrivarci bisogna passare inevitabilmente davanti alla facoltà di Medicina, dalle cui finestre molti militanti di Avanguardia Operaia scattano fotografie dei «neri» che gli stanno passando davanti.

Ne riparleremo.

Ora restiamo al corteo che arriva in chiesa.

E sentiamo ancora Frassinetti:

> C'era nell'aria una tensione fortissima. Arrivati in chiesa, ci hanno fatto inquadrare in due diversi cordoni. Noi del Fronte aspettammo inquadrati che arrivasse il feretro. E quando è arrivato, è stato sollevato dall'auto e portato a spalla da alcune persone. La cosa che ci ha stupito è che avvicinandosi, uno di loro era Almirante. Noi fino a quel momento lo avevamo visto solo in televisione. Allora ci dicemmo: «Ma quello somiglia ad Almirante, è Almirante...»

Leo Siegel è un altro storico personaggio della destra milanese. Giornalista e dirigente missino, il 5 maggio successivo pubblica sul settimanale *Candido*, diretto da Giorgio Pisanò, la cronaca di quel giorno, ecco come lo racconta:

> A ridosso dell'obitorio uno schieramento incredibile di polizia, in perfetto assetto da guerriglia: caschi con la visiera abbassata, manganelli, scudi di plastica, fucili. I funzionari della Questura hanno un ordine ben preciso: questo funerale non s'ha da fare [...]. Hanno i nervi tesi: fermano il consigliere comunale missino Tomaso Staiti. Fermano altri ragazzi. Spintonano bruscamente e minacciano a sua volta un prete che osa protestate [...]. «È uno schifo,» protesta qualcuno «cose del genere non sono avvenute neppure per Jan Palach a Praga.» «Non è questa l'Italia per la quale ho combattuto» gli fa eco un religioso che esibisce il fazzoletto azzurro dei Volontari della Libertà. «Questa non è un'Italia né libera, né democratica...»
> Gli animi attorno all'obitorio si scaldano. Un fotografo si per-

mette di rivolgere l'obiettivo verso alcuni poliziotti: gli saltano addosso e salva a stento macchina e rullino. In compenso, dall'adiacente università c'è chi, con il volto coperto da un fazzoletto rosso, mitraglia indisturbato con teleobiettivi la gente che sosta sul piazzale [...].
«Per noi il funerale è un corteo non autorizzato» ribadisce un funzionario della Questura «e questa è un'adunata sediziosa. O la sciogliete, oppure siamo costretti a caricare». Senatori, deputati, dirigenti federali e giovanili fanno opera di moderazione. Tentano di spegnere la legittima, comune esasperazione [...].
Così la gente si avvia alla spicciolata verso la chiesa, distante circa un chilometro [...]. Tre quarti del sagrato sono occupati da giovani e giovanissimi, da ragazzine: sono facce pulite, assolutamente nuove, estranee alla politica [...]. Ci sono ex compagni di scuola dello stesso Molinari, amici del bar, compagni della squadra di calcio in cui Sergio giocava con buon profitto [...]. Al passaggio della bara, portata a spalla, negli ultimi metri, da Almirante e Servello, qualcuno applaude, qualcuno getta fiori, qualcuno piange. Le navate della chiesa sono gremite. Sui muri esterni, allineate le corone di fiori, a decine. C'è anche quella del presidente della Repubblica [...].

Al termine della cerimonia, dopo un breve discorso di Almirante, la bara di Sergio verrà portata a Lodi, per essere sepolta nella tomba di famiglia.

Ma la persecuzione contro la sua memoria e la sua famiglia non conosce soste.

Tornati a casa da Lodi, i suoi genitori cominceranno a subire una serie interminabile e continua di minacce telefoniche, che li vedranno costretti a cambiare diverse volte l'utenza.

Mentre il fratello Luigi, minacciato direttamente già in passato, come abbiamo visto, sarà costretto a lasciare Milano.

Va detto che giornali di tutti i partiti rappresentati in Parlamento, dall'*Unità* al *Secolo d'Italia*, condanneranno senza se e senza ma l'uccisione di Sergio.

Il quotidiano del Pci del 30 aprile dedicherà due articoli alla vicenda.

In uno, quello della cronaca dell'omicidio, intitolato: «Morto dopo 47 giorni di agonia il fascista aggredito a Milano», si scrive:

> Sergio Ramelli, 19 anni, era stato costretto a lasciare l'istituto presso il quale studiava, a causa di ripetute minacce. I teppisti assassini gli avevano teso un agguato sotto casa.

C'è poi un commento, non firmato, che quindi rispecchia la linea del giornale (e del partito), intitolato: «Denuncia e riflessione», in cui si prendono le distanze dall'antifascismo violento e omicida.

Leggiamone alcuni passaggi perché è un documento molto importante:

> Sappiamo bene che la battaglia antifascista può anche essere, e di fatto in Italia lo è stata, una battaglia violenta, battaglia di un popolo in armi contro il terrore e il tradimento fascista, contro la vergogna della sottomissione allo straniero, una violenza che voleva riscattare l'uomo da ogni violenza.
> Violenza che era lotta per la libertà.
> Nulla di tutto questo vi è stato nell'aggressione omicida contro Sergio Ramelli. Nelle sprangate che lo hanno lasciato morente sul marciapiede di via Amadeo non vi era né volontà di riscatto, né amore per la libertà. In quei colpi vi era solo una violenza cieca e compiaciuta. Tutta individuale. Che ad altro non mirava se non a riprodurre sé stessa in una spirale senza fine, tale da suscitare orrore e repulsione in ogni sincero democratico, in ogni uomo onesto.

Passiamo ora a uno degli storici quotidiani della borghesia italiana, *La Stampa* di Torino, all'epoca diretta da Arrigo Levi, con Carlo Casalegno tra i suoi vice.

Anche qui un articolo di cronaca e un commento al fatto.

Partiamo dal pezzo di cronaca:

> Sergio Ramelli era un estremista di destra *(sic)* molto noto. Fiduciario del Fronte della Gioventù in una delle scuole più rosse di Milano, l'istituto tecnico Molinari, era già stato aggredito qualche volta, ma se l'era cavata con contusioni di poco conto. Nel corso di un'assemblea era stato sottoposto a una specie di «processo» e per questo il padre Mario, 47 anni, proprietario di un bar in corso Buenos Aires, aveva deciso di iscriverlo in un istituto privato. Aveva continuato però a occuparsi di politica e, pochi giorni prima dell'aggressione mortale, nella zona di Città Studi aveva affitto manifesti di estrema destra *(sic)* sull'uccisione, avvenuta a Roma, del neofascista greco Miki Mantakas.

Certo, ci sarebbero molte cose da dire sul tono e sui termini utilizzati dall'autore del pezzo. A parte la definizione, ormai diffusa e consolidata, di neofascista o fascista verso chiunque militasse nel Msi, definito senza problemi un partito di «estrema destra», sembra quasi che quella di aver continuato a fare politica dopo la cacciata dal Molinari, da parte del giovane Ramelli sia stata una colpa o comunque un errore.

Passiamo al commento che il quotidiano torinese lascia a una firma importante tra i suoi collaboratori: Arturo Carlo Jemolo, uno dei padri del diritto italiano.

Nel numero del 1° maggio, in un corsivo intitolato «L'omicidio non ha colore», Jemolo tra l'altro scrive:

> Il Ramelli si proclamava fascista [non sappiamo a quale fonte abbia attinto Jemolo per affermarlo, *N.d.A.*] e per questo – qui

> comincia la spirale cui non si può consentire di svolgersi – era stato costretto con minacce a lasciare la scuola pubblica che frequentava. Così s'inizia l'offesa alla libertà contro cui occorre insorgere. Le idee, anche più aberranti, le concezioni anche più assurde, ciascuno deve poterle nutrire e dichiarare, salvo agli altri di mostrarne l'assurdità e anche la pericolosità. Se no, quasi due secoli di conquiste liberali sono perdute, ritorniamo ai delitti di eresia, ai processi per opinioni scandalose [...]. Nessun appello a idee politiche qui è lecito, qui non c'è che una violenza omicida e bestiale, che può apporsi qualunque etichetta, ma non riesce mai a nascondere le sembianze dell'uomo ritornato belva. Guai ad accettare una qualunque attenuante con motivazione politica. I delitti di strage, gli assassinii restano tali, quali che siano i principi che si vogliano invocare [...].

Poi una critica al Movimento sociale italiano, accusato dall'autore di non aver fatto i conti fino in fondo con chi pratica la violenza, a differenza del Pci:

> In effetti i comunisti hanno preso le distanze e nel loro giornale scrivono di «teppisti assassini». Le distanze le prende anche il Movimento sociale in caso di delitti. Chi scrive non voterà mai petizioni per la messa al bando del Msi, perché ritiene lesiva della regola di libertà e precedente pericolosissimo, possibile boomerang, la messa fuori legge di un partito, ma deve riconoscere che i comunisti hanno sempre tenuto fuori dalle loro liste elettorali quelli che, a trent'anni dalla fine della guerra, credono di poter continuare nella violenza, mentre il Msi qualche facinoroso lo ha accolto.

In questo 1° maggio anche il *Corriere della Sera* pubblica un proprio editoriale.

Non firmato, che quindi rispecchia la linea della direzione.

Il titolo è forte e chiaro: «Bisogna mettere al bando i teppisti di ogni colore».

Ecco cosa scrive:

> Non è possibile fare distinzione tra chi usa la pistola, il coltello o la spranga. Non è più possibile tollerare l'esistenza di gruppi criminali, che hanno come unico fine l'esercito di una violenza cieca e ottusa [...]. Il «fascista» [almeno qui messo tra virgolette, *N.d.A.*] Sergio Ramelli è stato ucciso. È morto dopo 47 giorni di agonia, ma anche se fosse sopravvissuto, sarebbe rimasto paralizzato. Non sappiamo quale «tribunale» abbia emesso la criminale «sentenza», né se la condanna fosse a morte e per quali colpe. Sappiamo solo che Sergio Ramelli aveva 19 anni e che aveva il diritto di vivere, di sbagliare, di correggersi o di continuare a sbagliare. La Costituzione tutela la vita anche di coloro che si pongono al di fuori di essa e chi non è d'accordo con questo principio che sta a fondamento della democrazia deve accettare di porsi al di fuori del mondo civile. Gli assassini di Sergio Ramelli fanno parte, con ogni probabilità, di una sedicente sinistra extraparlamentare, che il movimento dei lavoratori ha messo al bando da tempo. Dietro queste imprese criminali non possono che nascondersi provocatori di professione che hanno il compito di minare la vita democratica.

Torniamo ora al Molinari, dove tutto è cominciato.

Perché dopo la morte di Ramelli, diversi quotidiani cominciano a raccontarlo e a raccontarne la storia.

Il *Giornale nuovo* di Indro Montanelli, il 30 aprile, non usa mezzi termini e pubblica un pezzo in cui si denuncia il clima di violenza, intolleranza e persecuzione verso i giovani di destra da parte dell'estrema sinistra che avrebbe dato vita a una specie di repubblica rossa autonoma.

Il titolo dell'articolo è «Molinari, una scuola violenta».

Anche il *Corriere* si occupa dell'istituto di via Crescenzago, in un pezzo molto più problematico, che inserisce elementi storici e altri persino sociologici.

Vale la pena di leggerne qualche passaggio insieme.

Titolo: «Molinari, una scuola difficile per tutti».

Sottotitolo: «È l'istituto che frequentava lo studente morto ieri. Nell'edificio di via Crescenzago sembrano scontrarsi e scaricarsi le tensioni più acute del nostro tempo».

Ecco il testo:

> Con i suoi oltre duemila studenti (esclusi quelli dei corsi serali), il Molinari è considerato il più grande istituto tecnico per periti industriali e chimici d'Italia [...]. Oggi, per le sue dimensioni e per le sue strutture, è ritenuto dalle autorità scolastiche un «istituto ingovernabile» [...]. Ma vi è anche un'altra realtà che rende il Molinari uno degli istituti più difficili della penisola: la composita provenienza di studenti che lo frequentano, gran parte dei quali sono «pendolari», che scarica nell'istituto di via Crescenzago tutte le tensioni sociali esterne [...]. C'è stato, è vero, l'impegno di un forte nucleo di docenti che si sono battuti per ricomporre la sua funzionalità, ma esso si è scontrato con una realtà studentesca di tipo oltranzista [...]. Nel 1972 l'istituto appare profondamente politicizzato. I gruppi predominanti sono quelli di Avanguardia Operaia, di Lotta Continua e del Movimento Studentesco. Il nucleo degli studenti più «impegnati» è molto legato all'Università Statale e partecipa in prima fila a tutte le dimostrazioni [...]. È nello stesso anno che l'allora preside Antonio Di Maio afferma che gli studenti iscritti abbiano raggiunto il numero di 3.145 su un totale di 117 classi (84 per corso diurno, 33 per quello serale). Alcuni studenti non trovano neppure posto nei banchi. Assemblee, scioperi, cortei si susseguono mentre si aprono aspri conflitti con il corpo docente.
>
> L'anno successivo il preside viene contestato da studenti, professori e bidelli e viene sospeso dall'incarico dal provveditore agli studi. Preside incaricato è nominata la professoressa Lunelli,

ma l'istituto non trova pace. I gruppi extraparlamentari – affermano alcuni docenti – condizionano la vita dell'80 per cento degli studenti. C'è – si sostiene – una processualità permanente contro tutti gli studenti che vengono definiti di estrema destra e di cui l'episodio di Sergio Ramelli è il più grave [...].Per riportare la tranquillità nell'istituto, sono allo studio varie soluzioni, tra l'altro si pensa di sdoppiarlo dal prossimo anno scolastico.

Al di là dei progetti di riorganizzazione della scuola, il clima è quello che ormai conosciamo bene. E in questo clima, qualche giorno dopo la morte di Sergio, si riunisce nuovamente il collegio dei docenti.

Scorriamone il verbale:

Oggi, 5 maggio 1975, alle ore 17, si è riunito il collegio degli insegnanti per discutere e deliberare sul seguente ordine del giorno:
1) Corsi di recupero a settembre
2) Libri di testo
3) Varie ed eventuali
Presiede la preside prof. Angiola Lunelli. All'appello risultano presenti in 139 su 195 aventi diritto. Assenti in 56.
Prima di passare all'ordine del giorno, la preside informa il collegio della morte del professor Ricca, già preside di questo istituto, e della morte di Sergio Ramelli, già allievo di questo istituto.

Ma l'atmosfera si scalda subito, perché alcuni professori di estrema sinistra attaccano la preside, per aver affermato, in alcune dichiarazioni al quotidiano *Il Giorno*, che al Molinari c'è da troppo tempo un clima di tensione e intolleranza, nel cui contesto è maturata la morte di Ramelli.

Il professor P. si sofferma sull'articolo de *Il Giorno* e sulle dichiarazioni ivi riportate sul clima di violenza e di tensione che avrebbe favorito l'aggressione al Ramelli. Conclude che, se

la preside voleva una presa di posizione del collegio, doveva chiederla prima di rilasciare alla stampa dichiarazioni denigratorie per tutto l'istituto. La preside rilegge tutto l'articolo del *Giorno*, inoltre su richiesta del professor M., rilegge il documento triconfederale fatto proprio dal collegio dopo i fatti del 3 febbraio [come abbiamo visto, il riferimento è al tentativo di aggressione a Ramelli e al padre all'interno dell'istituto, *N.d.A.*].
La prof. A. fa presente che tra i telegrammi alla famiglia Ramelli ve n'era uno del presidente della Camera Sandro Pertini, sul cui antifascismo nessuno può dubitare, e propone che il collegio faccia proprio tale telegramma. Il vicepreside, rivolgendosi alle prof. V. e B., contesta il loro attacco all'intervista e conferma il clima di tensione. Il prof. P. chiede alla prof. B. un'analisi delle dichiarazioni della preside al *Giorno* e l'indicazione dei punti, secondo lei falsi. La prof B., dopo aver rilevato che se n'era già discusso in Consiglio d'istituto, inizia l'analisi richiesta, dialogando col prof. P. La preside sottolinea che può darsi che il taglio dell'articolo sia settario, ma che i fatti in sé sono veri. La prof. T. afferma che l'analisi è parziale perché diretta in una sola linea e che bisogna parlare anche di un'intervista al *Candido* di certi prof anonimi. Le violenze ci sono, il clima è teso ma bisogna ricordare il resto.
La preside richiama l'attenzione sull'argomento Ramelli. La prof. V. fa rientrare l'intervista in un lungo discorso che comprende la minaccia di dimissioni e l'attacco a prof che non compirebbero il loro dovere, una linea, questa, scorretta politicamente e personalmente. Si dichiara d'accordo sulla condanna a certi tipi di antifascismo che prevedono attacchi a un giovane inerme. Del resto sul caso Ramelli ci sono già stati molti dibattiti. La prof. A. ritiene che tutti noi dobbiamo sentirci responsabili perché non abbiamo fatto niente per educare gli studenti sul vero significato dell'antifascismo. Accetta anche il secondo punto della mozione V., se verrà smentita da parte dei prof l'esistenza di un cartello in cui si negava ai fa-

scisti lo spazio fisico, da parte degli studenti, una assunzione di paternità di certi gesti.
Per la prof. D. non si può fare del Molinari l'epicentro del mondo, il centro da cui deve partire ogni posizione politica. Bisogna ricordare il clima del Paese. Pretendere di cambiare le cose con le parole e di diminuire la tensione con l'educazione significa falsare le carte. Il vicepreside propone di cambiare il punto 2 della seconda mozione, perché non si può respingere tutta la responsabilità morale in quello che è accaduto. La preside constata che ormai non c'è più il numero legale e quindi non si possono prendere deliberazioni. Ora si può parlare solo come assemblea.

Insomma, uno studente perseguitato, per le sue idee politiche, da suoi coetanei dentro una scuola della Repubblica, è costretto ad abbandonarla e a cambiare istituto, dopo 40 giorni viene ucciso a colpi di chiavi inglesi e a pochi giorni dalla sua morte, come avete visto, molti professori, invece di condannare senza se e senza ma quello che è accaduto, inscenano una specie di processo alla preside per essersi «permessa» di dichiarare a un quotidiano una cosa ovvia, quasi banale, e cioè che nella loro scuola esiste un clima di intolleranza e violenza che ha portato all'uccisione di Ramelli.

Ma torniamo al collegio degli insegnanti, anzi all'assemblea, perché nel frattempo molti dei presenti hanno preferito andarsene:

La preside chiede se l'Assemblea vuole prendere posizione in merito al fatto Ramelli. L'Assemblea vuole. Il prof. M. chiede la modifica del punto 2. Il clima di tensione c'è ma c'è stato anche il tentativo di migliorare e chiarificare, egli vuole che venga messo in luce questo fatto. La preside propone di scindere le due cose: il commento alla morte del Ramelli e la richiesta di una smentita alle dichiarazioni della preside al *Giorno*. La prof. C. chiede la partecipazione da un punto di vista umano dei prof che avevano avuto in classe il Ramelli. La prof. A. si oppone. La prof. V. rilegge la sua mozione, emendata al punto 2. La preside mette in votazione la mozione V. e la proposta A. (far proprio il telegramma di Pertini). Risultati. Mozione V.: sì 15, no 22, astenuti 22. Proposta A.: sì 27, no 16, astenuti 16. Approvata dall'Assemblea la proposta A.

Sono le 19.30 del 5 maggio 1975. In un sussulto di lucidità e umanità, la maggioranza dei professori presenti a questa riunione, decide che il Molinari dovrà fare proprie le parole di condanna dell'omicidio Ramelli, scritte da Sandro Pertini.

Ma questo terzo quarto di secolo non la smette di riempirsi di sangue.

La sera del 25 maggio una coppia di giovani di sinistra, Alberto Brasili e la ragazza, Lucia Corna, passeggia spensierata per le strade del centro di Milano.

I due arrivano in piazza San Babila.

Alberto, barba lunga, eskimo e jeans scoloriti, non si rende conto che questo suo look sta per metterlo in pericolo.

È tranquillo e rilassato. E sta bene con Lucia.

Mentre camminano, il giovane vede un manifestino adesivo del Msi incollato su un palo della luce. Decide di staccarlo e buttarlo per terra.

Purtroppo si trova nel posto sbagliato al momento sbagliato.

Perché, a distanza di qualche decina di metri, la scena viene notata da un gruppo di sanbabilini, che sono appena usciti dalla loro «base», un bar di corso Vittorio Emanuele.

Sono in cinque.

Hanno i coltelli. E decidono di usarli.

Seguono a distanza la coppia e, dopo alcune centinaia di metri, all'altezza della sede dell'Anpi, la squadraccia entra in azione.

Li aggrediscono alle spalle. E li accoltellano.

Ripetutamente.

Violentemente.

Lucia riesce a salvarsi, ma per Alberto non ci sarà niente da fare: morirà poco dopo il suo arrivo in ospedale.

I cinque sanbabilini vengono subito individuati dalla polizia e arrestati. Sono guidati da Antonio Bega ed Enrico Caruso. Gli altri si chiamano Pietro Croce, Giorgio Nicolosi e Giovanni Sciavicco.

L'aggressione squadrista a Brasili non farà altro che infiammare un clima già di per sé carico di tensione e di odio.

E ci saranno altre aggressioni e altra violenza.

L'episodio ispirerà il regista Carlo Lizzani che ne farà addirittura un film, dal titolo *San Babila, ore 20. Un delitto inutile*.

7

Chi ha ucciso Sergio? Caccia agli assassini

La morte di Sergio Ramelli costituisce uno spartiacque nel clima di intolleranza e violenza politica che si respira ormai in tutta Italia da anni. Un punto di non ritorno.

Ma andiamo con ordine.

Tra amici e camerati di Ramelli ci si chiede chi siano i suoi assassini, di quale gruppo «rosso» facciano parte.

E comincia la caccia.

Torniamo a Topo Gigio:

> In via Mancini cercammo subito di capire chi fosse stato. C'erano persone che dicevano di sapere tutto, si vantavano di avere fonti personali e segrete tra i compagni. Alcuni sostenevano che fossero stati quelli dei Comitati Antifascisti [altro gruppo nato dalle ceneri del Movimento Studentesco, *N.d.A.*], altri giuravano sulla responsabilità dei Comitati autonomi del Casoretto, guidati dai fratelli Bellini. Poi c'era qualcuno, di cui preferisco non fare nomi, che diceva di sapere tutto, ma poi si è capito che erano tutte invenzioni, per millantare rapporti, contatti, informazioni. Per dirci: io sono il più figo, so le cose prima degli altri. Ma dopo alcuni mesi mi resi conto che purtroppo, nessuno sapeva un bel niente.

Ma le voci sul Collettivo del Casoretto si rincorrono.

Cominciano a comparire sui muri della zona est della città scritte come «Fratelli Bellini assassini di Ramelli».

Tanto che il 17 maggio, da un'auto in corsa qualcuno spara dei colpi di pistola contro l'abitazione dei Bellini. E arrivano anche le minacce telefoniche.

A quel punto, Andrea Bellini denuncia tutto alla polizia.

Leggiamo di nuovo la sentenza di primo grado per l'omicidio Ramelli:

> Invero le voci correnti non avevano solo influenzato il corso delle indagini, ma provocato altre conseguenze. Andrea Bellini, capo riconosciuto del Collettivo «Casoretto», aveva infatti denunciato alla polizia che il 17 maggio 1975 erano stati sparati contro la sua finestra colpi di arma da fuoco e che detta minaccia era da ricollegarsi alle scritte comparse sui muri della zona e alle telefonate minatorie pervenutegli sul presupposto che egli fosse uno dei responsabili dell'omicidio Ramelli.

Sentiamo Ignazio La Russa:

> Io abitavo in via Capranica, a poche centinaia di metri dalla casa dei fratelli Bellini, che sono stati per anni accusati, ingiustamente, di aver ucciso Sergio. Notizia diffusa volutamente da Avanguardia Operaia per depistare le indagini. Tanto che un giorno apparve una scritta sotto casa loro: «Bellini da vivi, bellissimi da morti». Gli spararono anche dei colpi di pistola contro la porta. E anche noi inizialmente ci eravamo convinti che c'entrassero con la morte di Sergio. E invece avevano altre responsabilità, ma non quella.
> Ciò che accadde a Sergio accadde a numerosissimi nostri giovani in quegli anni. Costretti a lasciare la scuola, perseguitati anche dopo aver lasciato la scuola. Nel suo caso si andò ben oltre, purtroppo. Perché la sua famiglia fu perseguitata per anni anche dopo la sua morte. Continue scritte sotto casa, telefonate anonime di insulti e minacce. Il padre, che aveva un bellissimo bar, fu costretto a chiuderlo, prima di morire di crepacuore. Una tragedia senza fine.

Torniamo alle accuse verso i fratelli Bellini.

Come abbiamo visto, dal punto di vista investigativo, questa pista morirà presto, ma in assenza di altre, nel mondo neofascista, resterà l'unica valida e Bellini rischierà più volte di fare una brutta fine.

Anni dopo, nella stagione folle e sanguinosa dei Nar, alcuni di loro decideranno di vendicare Ramelli.

Ci proverà più volte, pur senza riuscirci, il suo amico Gilberto Cavallini, come confermato ai magistrati romani dal terrorista nero Walter Sordi, in fase di collaborazione, in un interrogatorio del 3 novembre 1982. E, prima di lui, a fine aprile 1979, in occasione del quarto anniversario del suo omicidio, scenderà in campo addirittura il capo riconosciuto dei Nar, Valerio Fioravanti che, in uno dei nostri incontri, quando lavoravo alla stesura de *Il piombo e la celtica*, mi ha raccontato quanto segue:

> Un giorno un camerata milanese che frequentava il Fuan qui a Roma, un nostro coetaneo che oggi credo conduca una vita molto soddisfacente, viene a via Siena [sede del Fuan, *N.d.A.*] e ci dice che a Milano hanno individuato con certezza l'assassino di Ramelli. È un autonomo. Un certo Bellini. Lui abita di fronte a casa sua e ci chiede di andare su per ucciderlo. Ci guardiamo in faccia. C'è chi dice: «Partiamo domani» e chi dice: «Partiamo tra un mese». Io ovviamente dico: «Partiamo domani», senza problemi. Partiamo con una macchina rubata. Alla guida c'è il camerata milanese, anche perché la città la conosce lui. Torno a chiedergli: «Sei sicuro che questo è un atto di giustizia rivoluzionaria?» «Sì» mi risponde. Gli domando: «Sei sicuro che questo è il bastardo che ha ammazzato Ramelli?» «Sì, sono sicuro.» «Ok, allora andiamo a Milano. Mi metto sotto casa sua, tu mi indichi qual è e io lo ammazzo.»

Il gruppetto parte da Roma e arriva a Milano. Sentiamo ancora Fioravanti.

L'idea era quella di piazzarci in macchina sotto casa di Bellini, aspettare che uscisse, scendere dall'auto e farlo fuori. Facciamo due o tre appostamenti sotto casa sua, ma Bellini non esce mai da casa. Quindi l'azione non è mai diventata operativa, perché in realtà non l'abbiamo mai visto. Ricordo che gli altri che erano con me mi prendevano in giro perché il silenziatore della pistola non funzionava e mi sono messo in un angolo a fare i feltrini nuovi. Mi dicono: «Ma sei matto? Li metti a posto sul marciapiede?» «Ma che ne sa la gente che sto martellando per fare i feltrini nuovi?» rispondo. Alla fine torniamo a Roma, perché forse Bellini non abitava nemmeno più in quella casa.

Ma mentre a destra si continua a credere che siano stati quelli del Casoretto, a sinistra la verità emerge molto presto, come ci racconta «Manina» Martucci:

Diciamoci la verità. Abbiamo saputo quasi subito che a uccidere Ramelli erano stati quelli di Avanguardia Operaia. Naturalmente non ci sentimmo di dirlo, tantomeno di denunciarlo, ma si sapeva che erano stati loro. Del resto la zona era quella in cui operavano loro. E li criticammo duramente, perché il loro capo operativo, tale Ferrari, era davvero un disastro.

A proposito di Ferrari, sentiamo cosa ricorda Pier Vito Antoniazzi:

Quando muore Ramelli, dopo un po' compaiono scritte in cui si parla dei Bellini come suoi assassini, poi ho capito che erano stati i nostri a farle per depistare le indagini. Ma al momento non so davvero chi sia stato. Una decina di giorni dopo il fatto, ero in via Vetere, la sede di Avanguardia Operaia. A turno facevamo la guardia di notte. Un po' stavi sveglio, un po' dormivi. Per controllare che nessuno aggredisse o devastasse la sede. Allora si viveva così. Insomma, quella notte feci il turno di guardia insieme a Saverio Ferrari. Io gli faccio: «Ma cavolo, che stronzata questa cosa di Ramelli». Lui abbassa lo sguardo e mi dice: «Purtroppo siamo stati noi». Mi è crollato il mondo addosso. Mi è preso un mezzo colpo. Porco giuda, non lo avrei mai potuto immaginare. Ma non ho avuto il coraggio di chiedergli altro. Per un attimo ho pensato che fossero stati proprio i miei ragazzi, i giovani del servizio d'ordine delle superiori, che comandavo io. Il giorno dopo ho deciso di commissariare la struttura, sostituendo cinque o sei dirigenti. Poi sono andato alle loro riunioni e gli ho detto: «Oh, ma che cazzo stiamo facendo?» C'era qualcuno che sosteneva che i nostri giovani andassero educati e addestrati alla violenza proletaria. Insomma, il clima era quello. Non era facile andare contro la corrente che era molto forte. Non eravamo ancora ai gruppi armati ma l'antifascismo militante era un tema condiviso.

Antoniazzi teme davvero che a uccidere Ramelli siano stati i componenti del suo servizio d'ordine, così cerca di fare e soprattutto di dire qualcosa:

Trovai una citazione importante, fatta da Lenin a Beria, il capo della Gpu, la polizia politica sovietica. Lenin gli diceva: «Se quanto stai per fucilare un controrivoluzionario non hai un'esitazione, cambia mestiere perché vuol dire che non sei un rivoluzionario, ma sei un assassino». E nei miei incontri con i ragazzi, ho citato questa frase perché un conto è la violenza come autodifesa, che so, se devi difendere una sede dall'assalto dei fascisti o un corteo dalle cariche della polizia, ma un altro conto è se fai il cucchino o, peggio, se aspetti un fascista sotto casa e lo ammazzi di botte. Comunque per anni ho convissuto con la paura che fossero stati loro.

Mario Ferrandi:

Quando muore Ramelli, sono da poco accaduti i fatti e le morti di Varalli e Zibecchi, per cui molti compagni o sono disinteressati o contenti della sua uccisione. Ma non tutti, devo dire. Io tra questi. La voce che fosse stata Avanguardia Operaia circolò subito. Se non altro per motivi logici. A Città Studi c'erano loro. I fascisti erano cucchinati per quello che facevano a scuola e in base alle scuole che frequentavano. E lui andava al Molinari, che era un feudo di Avanguardia Operaia. In quei mesi erano comparse molte scritte: «Bellini boia di Ramelli». Sicuramente le aveva fatte Ao. Ma noi eravamo certi che quelli del Casoretto non c'entravano un bel niente.

Passano gli anni ma gli assassini di Sergio restano sconosciuti.

Fino a quando, nella stagione della dissociazione e del pentimento di molti ex terroristi, i magistrati milanesi interrogano proprio Ferrandi, che ribadisce che il Casoretto non c'entra niente, ma che, semmai, devono andare a guardare in direzione Avanguardia Operaia. Sentiamolo ancora:

> C'era questa pm avvelenata, che voleva a tutti i costi chiudere l'inchiesta e incriminare la banda Bellini. Lui, suo fratello, suo padre, tutta la famiglia. Mi interrogò e io ribadii che ero certo che erano innocenti.

È il 29 maggio 1984. Nove anni dopo l'omicidio.
Leggiamo la sentenza:

> Un'ipotesi alternativa prendeva corpo in seguito alle dichiarazioni, pur generiche, rilasciate da Mario Ferrandi e Ciro Paparo (entrambi già militanti in formazioni armate e il secondo appartenente in precedenza al collettivo Casoretto), i quali, rispettivamente il 29 maggio e l'11 giugno 1984, affermavano che nel movimento era altresì corsa voce che i responsabili del fatto appartenessero ad Avanguardia Operaia, organizzazione egemone all'istituto Molinari.

A quel punto le indagini ripartono da zero e i pm interrogano molti ex terroristi, soprattutto di Prima Linea.

Al fianco della Procura, è determinante l'apporto dell'Ufficio Istruzione del Tribunale, attraverso l'impegno di due giudici: Guido Salvini e Maurizio Grigo.

E in diversi (da Marco Donat-Cattin a Mario Marano, da Daniele Sacco Lanzoni a Carlo Costantini) confermano di aver sentito nell'ambiente che era stata proprio Avanguardia Operaia a uccidere Ramelli.

Individuato l'ambiente di provenienza, va messo a fuoco tutto il resto: mandanti, esecutori, responsabilità, genesi, contesto.

A dare una mano agli inquirenti arriva un altro ex terrorista di Prima Linea, Sergio Martinelli. Continuiamo a leggere la sentenza:

> Il Martinelli ricordava che un giorno del dicembre 1980, quando con Lombino e Viscardi [due altri ex esponenti di Prima Linea, bergamaschi come Martinelli, *N.d.A.*], come lui rinchiusi nella sezione di massima sicurezza del carcere, si trovava all'ora d'aria, si era parlato dell'omicidio Ramelli [...]. Allontanatosi Lombino, Viscardi gli aveva detto che il primo aveva un'amica intima che aveva studiato a Milano e che sapeva tutto della vicenda, compreso il luogo ove, dopo l'azione, erano stati ospitati i responsabili.

I pm si precipitano a sentire Michele Viscardi, che conferma tutto e aggiunge ulteriori dettagli:

> Premesso che nel 1975 militava nel comitato antifascista di Bergamo insieme al Lombino, Viscardi ricordava che, poco dopo l'aggressione a Ramelli, il Lombino stesso gli aveva detto che una sua amica era in qualche modo coinvolta nella vicenda, nel senso che conosceva bene le persone (tutte militanti nel servizio d'ordine di Ao) che vi avevano partecipato. Si trattava di una certa Brunella, studentessa universitaria a

Milano, che spesso tornava a Bergamo a trovare il Lombino e che successivamente si era trasferita in Svizzera sposando una persona benestante di quel Paese.

I magistrati sentono, intuiscono di essere stavolta sulla pista giusta e tornano a interrogare Lombino, che fornirà elementi fondamentali:

Riferiva che effettivamente una persona che egli conosceva bene – e che si era staccata da Ao per una grave crisi in lei esplosa dopo la morte di Ramelli – gli aveva detto che il fatto era da attribuirsi al servizio d'ordine di Città Studi-Scienze di Avanguardia Operaia. Anche costei frequentava Città Studi e, pur essendo estranea al servizio d'ordine, ne conosceva bene i componenti e, tra questi, i responsabili del fatto che, preoccupati e sconvolti, si erano rifugiati per alcuni giorni in una casa, forse di proprietà di qualcuno di loro, sita in un paesino del bergamasco a nome Santa Brigida. La studentessa di Biologia di cui si conosceva il nome (Lombino peraltro non aveva ritenuto di renderne note le generalità in omaggio al pregresso rapporto di amicizia) veniva identificata in Colombelli Brunella, nata a Bergamo, laureata in Biologia a Milano e stabilitasi a Ginevra quale ricercatrice presso l'università di quella città.

Ecco che, tra dichiarazioni verbalizzate e altre *off the records*, il nome della ragazza bergamasca che studiava a Milano e sapeva tutto dell'omicidio viene fuori.

Siamo a inizio estate 1985, i magistrati scoprono che la Colombelli è in vacanza in Nicaragua e quindi irraggiungibile.

Ma non restano con le mani in mano e chiedono alla Digos di fornire un elenco di nomi di giovani che nel 1975 militavano in Avanguardia Operaia a Città Studi.

La Digos fa il suo dovere e i magistrati cominciano a interrogarli tutti.

Ecco cosa scoprono:

Emergeva:
– che la responsabilità del servizio d'ordine di Città Studi nell'episodio era praticamente nota a tutti, nonostante i tentativi di blackout;
– che consistenti squadre di servizio d'ordine esistevano all'epoca presso le facoltà di Agraria, Fisica e Medicina;
– che i responsabili ed elementi di spicco del servizio d'ordine erano, a livello di Città Studi, Gioele di Agraria (Giovanni Di Domenico), Roberto di Fisica (Roberto Grassi) e Marco Costa di Medicina. A livello più alto, elemento di spicco era Saverio Ferrari.

Uno dei militanti del movimento, Francesco Cremonese, in due diversi interrogatori, il 13 maggio e il 26 giugno, precisa che a colpire Ramelli era stato il servizio d'ordine di Medicina «non per iniziativa autonoma, ma, come di norma, per incarico e su indicazioni del livello più alto del servizio d'ordine».

Passano i mesi e alla fine la Colombelli torna in Europa.

E, dopo qualche giorno, il colpo di fortuna.

Gli uomini della Digos ormai le stanno col fiato sul collo, così, quando a settembre torna in Italia a trovare i genitori, la avvicinano e la portano dai magistrati per interrogarla.

È il 14 settembre. Ma la donna smentisce, nega, si aggrappa ai «non ricordo». Fa dichiarazioni palesemente generiche e reticenti.

Poi esagera, dicendo di non ricordare nemmeno chi fosse Ramelli.

È un boomerang.

I pm capiscono che non possono farsi sfuggire questa occasione e così usano il pugno di ferro: l'arrestano per falsa testimonianza.

Il giorno dopo tornano a interrogarla.
E la Colombelli crolla:

Mi trovavo ad Agraria con altri compagni nella sala cosiddetta della segreteria studenti, cioè l'aula dove c'era il ciclostile e dove si teneva il materiale di propaganda. Probabilmente già sapevo che ci doveva essere una azione contro un ragazzo del Fronte della Gioventù o comunque di destra che era studente in una scuola media superiore. Era un giorno, cioè un mattino presto o sera... Nell'aula con me c'erano una decina di studenti di Avanguardia Operaia, tra cui Gioele. Erano seduti anche sui banchi, chiacchierando. Non ricordo se entrarono o ci chiamarono fuori un gruppo di compagni di Medicina, trafelati e agitati: c'era un ragazzo di nome Walter, grassottello e riccio, un ragazzo di nome Gianmaria, alto, bruno e riccio. In questo momento non ricordo altri, ma erano dalle cinque alle sei persone. Non so chi me lo disse che avevano picchiato molto forte, pensavano di aver compiuto qualcosa di molto grosso ed erano in un situazione di panico. Ricordo che mi dissero che il ragazzo era stato aggredito sotto casa sua e che l'obiettivo era quello di dargli una lezione, mentre colpirlo così duramente era stato uno sbaglio. Credo che con ogni probabilità il gruppo di Medicina non avesse in prima persona individuato l'obiettivo. Un'azione del genere non poteva che essere decisa a livello di riunione di capisquadre delle singole facoltà alla presenza di Gioele, che era il responsabile del servizio d'ordine dell'università... Ricordo che Gioele si arrabbiò dicendo che forse, colpendo troppo forte, avevano commesso qualcosa di grave... E credo che nella stessa serata o il giorno dopo, trovandoci ancora o restando ancora ad Agraria, comprammo un quotidiano per verificare se i compagni di Medicina avessero riferito una situazione effettivamente così grave come avevano prospettato.

Nella stanza della Procura i magistrati e il funzionario della Digos presente all'interrogatorio si guardano increduli.

Si trovano di fronte una testimone diretta di quello che dissero e fecero gli assassini di Ramelli.

Continuiamo a leggere la sentenza:

Proseguiva la Colombelli che nei giorni seguenti, mentre il ragazzo era in coma, ma ancora vivo, vi era stata, in una sala della facoltà di Fisica e Agraria, una riunione ristretta a membri de servizio d'ordine, quaranta o cinquanta persone, con l'ovvia decisione di tenere nascosto l'episodio e mantenere la massima riservatezza possibile. Dichiarava altresì, per quanto la riguardava, di aver svolto il ruolo di staffetta e di aver tenuto per un certo periodo schede e foglietti contenenti indirizzi, nomi e targhe di persone facenti riferimento alla destra e di sedi di partiti o di gruppi di destra, materiale che aveva conservato nella casa propria e poi consegnato ad altra persona di Ao. Diceva di essersi progressivamente allontanata da Ao nel corso del 1976. Riconosceva nell'effigie fotografica di Cavallari il Walter di cui aveva parlato.

La donna riconosce altri militanti tra le foto che i magistrati le mostrano.

La sera dopo scatta il blitz.

La Digos arresta Walter Cavallari, Claudio Colosio, Marco Costa, Giovanni Di Domenico (Gioele) e Claudio Scazza.

Ormai è una valanga.

Ogni arrestato vuota il sacco e racconta ulteriori dettagli, altri particolari e fa altri nomi. Così, pochi giorni dopo, finiscono in manette altri ex militanti di Avanguardia Operaia: Franco Castelli, Luigi Montinari, Giuseppe Ferrari Bravo (detto Aldo) e Antonio Belpiede.

Sentiamo il ricordo del giudice Salvini:

Cominciammo a sentire tutti quelli che gravitavano intorno ai servizi d'ordine di Avanguardia Operaia. Fu un lavoro molto difficile, perché ci fu subito un muro di omertà, molto grosso

e spesso. Chiunque di Avanguardia Operaia fosse sentito, rispondeva allo stesso modo, come se fosse una risposta imparata a tavolino, da dover ripetere senza variazioni: «Sì, il servizio d'ordine c'era, ma non compiva azioni violente, controllavamo solo i cortei». Negavano persino l'evidenza e cioè che ci fossero chiavi inglesi in dotazione.
Insomma, un vero e proprio muro di gomma. Per fortuna, come in tutte le indagini, arrivò quel po' di fortuna che serve. Sentendo un militante di Avanguardia Operaia, un ragazzo di Medicina, vedemmo che era molto spaventato. Mentre tutti gli altri mostravano un'aria di sufficienza, come se il loro ambiente, l'omertà di cui loro comunque avevano goduto li riparasse da qualsiasi rischio di un'indagine giudiziaria. Invece questo giovane era spaventato. Non sembrava il solito militante che ti risponde la solita storiella. Era nervoso. Era preoccupato. Era un giovane medico, lontano ormai dalla politica. Così gli dicemmo: «Sappiamo che lei non c'era» e questa persona sbiancò. Ebbe l'impressione che la frase «sappiamo che lei non c'era» volesse intendere: «Sappiamo tutti quelli che c'erano e lei no». E per coincidenza era proprio l'unico del gruppo di Medicina, della squadra del servizio d'ordine di Avanguardia Operaia, che uccise Ramelli, che quel giorno non c'era. Perché era ammalato da qualche settimana. Fu chiamato ma non partecipò, quindi per noi non era colpevole. E così vuotò il sacco, raccontandoci quello che non sapevamo. Sapevamo che era stata Avanguardia Operaia, ma non sapevamo chi. Siamo nel settembre-ottobre 1985. Seguirono le confessioni, praticamente appena portati in Questura, al primo interrogatorio. Ricordo il primo, Claudio Colosio. Crollò e confessò: «Sì, siamo stati noi» e raccontò tutto. Ognuno degli arrestati poi confessò la propria parte di responsabilità.[19]

Dopo aver interrogato tutti, più volte, gli inquirenti ricostruiscono nel dettaglio quanto è accaduto.

19 Intervista di Guido Salvini all'interno del docu-film *Milano burning-Storia di Sergio*, diretto e curato da Paolo Bussagli; Milano 2012.

In quei primi mesi del 1975 Il capo della squadra del servizio d'ordine di Medicina era Walter Cavallari, che aveva aggredito uno studente di Farmacia, indicatogli da Gioele (capo di tutti i servizi d'ordine di Città Studi), come fascista.

Ma, dopo averlo colpito un paio di volte alla testa con una chiave inglese, era fuggito, preso dal panico, rendendosi conto quindi di non poter più guidare un servizio d'ordine. Il suo numero due era Marco Costa che, di fatto, era diventato il capo del gruppo.

E proprio Costa, interrogato, fornisce la ricostruzione più precisa di quanto accaduto. Sentiamolo:

> Nei primi giorni del marzo 1975, Roberto Grassi, responsabile del servizio d'ordine [ed ex studente del Molinari, quindi l'unico che aveva conosciuto direttamente Ramelli, *N.d.A.*] aveva interpellato lui e altri in vista di un'aggressione, senza gravi conseguenze, in danno di un giovane di destra, Sergio Ramelli, appunto, che era a loro perfettamente ignoto, ma che Grassi diceva di conoscere da tempo perché abitante nel suo stesso quartiere e frequentatore di un bar di destra, sito di fronte ad altro locale, cui facevano riferimento giovani di colore opposto. Grassi aveva aggiunto che il Ramelli aveva picchiato, insieme ad altri, dei compagni e che era responsabile di danneggiamenti e furti ai motorini. L'idea dell'aggressione era certamente estranea ed esterna alla squadra e i componenti di quest'ultima, pur non essendo in linea di principio favorevoli, avevano accettato d'agire per solidarietà verso l'organizzazione... Era stato Grassi a mostrare una foto che ritraeva la vittima designata, circondata da altri ragazzi e comunque in situazione di costrizione, e a informarli delle abitudini del giovane, del punto in cui parcheggiava il motorino, degli orari in cui frequentava il bar per poi rientrare a casa.

Fermiamoci un attimo, perché, come vedete, questo Grassi, l'unico che conosce Ramelli, ex studente del Molinari, mostra ai suoi compagni una foto molto particolare.

Sulla foto si soffermerà nel suo interrogatorio anche Claudio Colosio:

> Era girata una foto, a mezzo busto di profilo, formato abbastanza grosso, con un muro sullo sfondo. Questo ragazzo aveva il braccio in avanti, non nel saluto romano. Ricordo che aveva come un pennello in mano, come se dipingesse qualcosa.

E in un successivo interrogatorio, Colosio aggiunge:

> La foto raffigurante Sergio Ramelli era stata loro mostrata da Roberto Grassi, studente della facoltà di Fisica e proveniente dal Molinari, il quale pur sottolineando che il ragazzo era uno squadrista, aveva detto che l'azione era diretta a spaventarlo e dunque doveva comportare qualche giorno di prognosi.

Insomma, Grassi proviene dalla cellula di Avanguardia Operaia del Molinari, proprio quella che aveva perseguitato per mesi Ramelli, tanto da costringerlo a cambiare scuola.

È lui che chiede alla squadra di colpirlo e per mostrare agli altri il suo aspetto tira fuori una foto molto particolare, scattata dalla stessa cellula del Molinari mentre Ramelli era stato costretto, mesi prima, a cancellare con il pennello e la vernice scritte fasciste sul muro della scuola.

Torniamo alla ricostruzione fornita dal capo della squadra, cioè Costa:

> Nessuno di loro aveva fatto appostamenti prima dell'azione. Peraltro egli e anche altri della squadra si erano recati a «prendere confidenza» con il luogo dell'aggressione.
>
> Infine si erano dati un appuntamento per una certa ora del 13 marzo presso la segreteria studenti delle aule nuove di

Biologia. Lui e Colosio, che subito prima erano stati a una riunione politica a Fisica, vi erano giunti insieme, sollecitati dal Grassi, e avevano già trovato le chiavi inglesi raccolte in una borsa.

Il gruppo, convocato da Grassi, arriva sul luogo dell'appuntamento, dentro Città Studi, e trova già la borsa con le chiavi, portata proprio da Grassi.

Leggiamo ancora la sentenza che sintetizza la testimonianza di Costa:

> Era stato chiesto se vi erano volontari per colpire. Costantino si era offerto ma era stato scartato perché troppo vistoso nell'abbigliamento ed eccessivamente desideroso di mettersi alla prova. Era stato escluso anche Colosio che per le sue caratteristiche fisiche (in particolare per la barba e i capelli all'epoca incolti) poteva essere più facilmente individuabile. La scelta alla fine era caduta su lui e Ferrari Bravo. Incalzati da Grassi, si erano incamminati. Poco dopo essersi appostati, era arrivato Ramelli che Costa ricordava di aver individuato per primo per via dei capelli a caschetto e del motorino di colore scuro e quindi, avvisato Aldo [cioè Ferrari Bravo, *N.d.A.*], di essere corso verso il ragazzo che, ancora a cavalcioni del motorino, lo stava legando con la catena.

Seguirà poi la descrizione dell'aggressione che abbiamo già letto in precedenza.

Ma la sentenza è utile perché aggiunge anche altri particolari all'azione.

Continuiamo a scorrerla insieme, si riferisce sempre a Costa, che

> si era avvicinato in senso perpendicolare rispetto al senso del motorino e aveva indirizzato il colpo alla fronte di Ramelli che nel frattempo si era accorto di lui. Però con quel colpo, sollevan-

do le mani che furono colpite, venne forse «colpita la fronte», ma certamente il ragazzo non venne stordito «perché si mise a urlare ancora prima che lo colpissi». Il ragazzo perse l'equilibrio, cadendo sul fianco destro, con la «testa diretta verso il marciapiede obliquamente, cioè di traverso rispetto all'asse stradale. Trascinò il motorino addosso a sé stesso e a me e ritengo ad Aldo. Questi era alle mie spalle, quando mi avvicinai a Ramelli e non so poi cosa fece. Durante la sua caduta e l'inizio della mia colpii ancora stendendo il braccio. Durante questa fase il ragazzo urlava e sentii anche gli urli di una donna nelle vicinanze. Mi spaventai ulteriormente e rialzandomi tentai di scappare. Non ero completamente caduto a terra». [...]
In quel frangente non aveva visto altri colpire il ragazzo, ma ricordava che mentre si trovava quasi a terra con un piede sotto il motorino, qualcuno era salito su una ruota dello stesso, schiacciando così anche il suo piede. Si erano allontanati tutti sul marciapiede di sinistra di via Arnò. Avevano raggiunto la segreteria studenti di Biologia, dove non avevano incontrato nessuno, e lì avevano provveduto a pulire le chiavi con un fazzoletto.

Sono evidenti l'approssimazione e l'inadeguatezza, anche militari, con cui la squadra guidata da Costa organizza e realizza l'aggressione al povero Ramelli.

Il motorino che cade e li travolge, le persone calpestate, la confusione su chi colpirà e chi dovrà fare da palo.

Purtroppo questa approssimazione contribuirà alla tragedia.

Perché, proprio inciampando sul motorino e cadendo a terra, Sergio subirà altri colpi che risulteranno quelli mortali.

Dalla sentenza della Corte di Cassazione sull'omicidio:

La perizia medico-legale [...] rileverà che il Ramelli era stato raggiunto da almeno 4 colpi di strumento contundente, tutti localizzati all'emicapo sinistro. Micidiali erano stati i colpi inferti, allorquando il giovane era già a terra, perché avevano avuto sul capo poggiato al suolo un effetto del tipo «schiaccianoci».[20]

La stessa sentenza definisce anche il ruolo di Brunella Colombelli nella vicenda e fornisce dettagli sulle conseguenze che questa ebbe sulla vita di alcuni dei protagonisti, a cominciare dal promotore dell'azione, l'ex studente del Molinari, Grassi:

> Qualche giorno prima, il Costa era stato accompagnato, su invito di Roberto Grassi (certamente uno dei dirigenti del servizio d'ordine allora, in seguito morto per suicidio, forse a causa della tragica conclusione del fatto che egli stesso aveva organizzato), sul luogo dell'agguato dalla Colombelli, la quale svolgeva il ruolo di «staffetta» ed era molto vicina al Grassi.

Ma torniamo alla sentenza di primo grado e ai ricordi dell'altro aggressore di Sergio, «Aldo» Ferrari Bravo:

> Era stato Costa a colpire per primo Ramelli, sorprendendolo mentre legava il motorino. Aveva sferrato uno o più colpi (non sapeva dirlo), mentre il ragazzo, tentando di proteggersi con le mani, gridava «no, no». Lui era sopraggiunto un istante dopo ed era stato sbilanciato dalla caduta del mezzo che gli era finito tra le gambe. Per quanto ricordava, aveva colpito Ramelli una sola volta. Poi le urla di una signora sul balcone soprastante l'avevano messo in fuga.

In un interrogatorio successivo, Ferrari Bravo precisava:

> Personalmente, aveva vibrato uno o due colpi al massimo. Il 14 mattina, Grassi aveva voluto un resoconto e li aveva tranquillizzati, dicendo che probabilmente i giornali avevano esagerato nel riferire la gravità del fatto.

20 Sentenza della Corte di Cassazione sull'omicidio Ramelli del 22 gennaio 1990.

I giudici della Prima Corte d'Assise, presieduta da Antonino Cusumano, nella sentenza non usano mezzi termini:

> Sergio Ramelli venne sprangato a morte, all'età di 18 anni, per mano di giovani che non lo conoscevano e senz'altra ragione che non fosse la sua adesione al Fronte della Gioventù [...]. Nessuno, tra compagni di scuola, professori o militanti di Avanguardia Operaia del Molinari, al tempo del fatto, nel corso della più recente istruttoria o in dibattimento, ha potuto introdurre ombre sulla figura di Ramelli. Né il giovane si era reso protagonista di alcun episodio di violenza, provocazione ovvero di ritorsione per quanto aveva patito negli ultimi mesi di vita e di frequenza a scuola. E nemmeno potevano dirsi opera sua le scritte che nella mattina del 13 gennaio 1975 aveva dovuto cancellare dopo essere stato circondato e minacciato da circa 80 studenti dell'egemone gruppo di Ao. Vien da chiedersi, invero, chi mai aveva tracciato quelle scritte e la risposta si profila inquietante se si pensa al perfetto tempismo con cui una macchina fotografica, immortalando la scena e ritraendo il ragazzo, pose le premesse per ciò che, esattamente due mesi dopo, doveva accadere.

Il sospetto dei giudici è chiaro: le scritte furono fatte dagli stessi militanti di Ao che avevano organizzato tutto e che l'indomani si presentarono a scuola muniti di macchina fotografica per farle cancellare da Ramelli, a cui avevano deciso di dare la colpa e fotografarlo.

Leggiamo ancora questo passaggio della sentenza:

> Non meno sgomento prende nel vedere come il diciottenne Ramelli fu lasciato solo, isolato ed espulso come un corpo estraneo grazie all'assenza o alla pavida quiescenza di una pubblica istituzione che tutto tollerò [...]. È istintivo raffrontare alle scritte cancellate da Sergio Ramelli le frasi minatorie del manifesto collettivamente affisso in via Amadeo alla vigilia del-

la sua morte e le uguali minacce fatte al custode dello stabile perché non lo staccasse. Ed è inevitabile sottolineare altresì la lucidità con cui i responsabili dell'organizzazione fecero in modo che anche i funerali della vittima, col presidio e le fotografie puntualmente scattate, divenissero un'occasione per l'individuazione e le schedature di avversari politici [...]. La parola d'ordine, divenuta imperativo categorico e obiettivo attorno al quale coagulare saldamente, in vista di altre battaglie, una larga parte degli entusiasmi giovanili, era «antifascismo militante».

A rappresentare, come legale di parte civile, la famiglia Ramelli, c'è l'avvocato Ignazio La Russa:

Di quella vicenda ricordo tutto. Innanzitutto il dottor Salvini che condusse tutte le indagini per individuare gli assassini di Sergio. Imparziale, obiettivo, mai fazioso. Secondo me il miglior magistrato che Milano abbia mai avuto. Poi arriva il dibattimento, io sono da poco diventato segretario provinciale non più dei giovani ma del partito. Parlo con Servello e Almirante e decidiamo che il Msi non si costituirà parte civile ma che a rappresentare la famiglia Ramelli sia un avvocato che è anche segretario provinciale del partito. Per non caricare di significati strettamente politici il percorso processuale. Perché Sergio non era solo un ragazzo del Msi ma un simbolo per tutta la città di Milano contro la violenza e l'intolleranza.
Noi abbiamo seguito una linea non di scontro politico ma di affermazione della verità dei fatti. Per dimostrare che Sergio era un ragazzo per bene, tranquillo, pacifico, che aveva le proprie idee e che voleva lecitamente esprimerle, giuste o sbagliate che fossero. E che non ci interessava l'entità della pena ai suoi assassini. Questo fu il vero punto. Doveva stabilirlo la Giustizia se condannarli a un anno o all'ergastolo. Non ce ne fregava niente. A noi premeva soltanto che fosse data giustizia a questo ragazzo. Che fosse riconosciuta la sua totale innocenza. La sua estraneità, in tutta la sua breve vita, a qualsiasi

episodio di violenza e intolleranza che avrebbe, seppure in maniera folle e distorta, pur lontanamente potuto giustificare tutto quello che aveva dovuto subire, a partire della famosa vicenda del tema sulle Br. E questa nostra impostazione devo dire che ha determinato negli anni un atteggiamento di grande rispetto per Sergio, per la sua famiglia ma anche per il nostro mondo, anche da parte dei molti magistrati di sinistra di cui era piena la Procura di Milano.

Cosa ricorda degli imputati?

Ricordo un loro atteggiamento forse di stupore perché non si cercassero davvero i mandanti, che pure avevano in qualche modo indicato durante il processo, dell'aggressione a Sergio. Erano stupiti del fatto che la ricerca dei responsabili si fosse fermata a loro e non fosse andata oltre. Perché il loro movimento era organizzato in modo fortemente gerarchico. E un'azione compiuta non da studenti medi, ma da studenti universitari abbisognava di un'autorizzazione più alta. Di questo sono profondamente convinto. Un nome io l'ho anche fatto nel dibattimento e tra le pieghe del processo emergono diversi nomi, ma io non ho intrapreso quella strada, ho lasciato che lo decidessero i magistrati. Sicuramente quelle persone si erano pentite, ma si erano pentite dopo che erano state scoperte. Mentre era pacifico che non si fossero pentite subito dopo o negli anni a seguire, dal momento che alcuni di loro continuarono a fare politica e anche a partecipare ad altre aggressioni violente. Ricordo anche che quasi tutti vennero da me dopo la condanna. Avevo un rapporto personale e professionale con tutti gli avvocati del soccorso rosso, che fecero da tramite tra me e loro. Li incontrai e mi dissero che volevano risarcire mamma Ramelli e volevano mandarle una lettera di scuse e di pentimento. Alcúni mi confessarono anche che diverse volte avevano deciso di aspettarmi e colpirmi sotto casa ma avevano paura del cane, un pastore tedesco (peraltro buonissimo) che portavo sempre con me...

Torniamo ora a Pier Vito Antoniazzi:

Il Molinari era la nostra roccaforte. Noi eravamo fortissimi nelle facoltà scientifiche e in via Crescenzago, al Molinari e al Settimo. I leader dell'epoca erano Pier Scolari e Alberto Gerlandini, che poi diventerà dirigente alla Regione, mentre Scolari si trasferirà a Roma. Gli studenti medi di Ao avevano anche rapporti con alcuni docenti. Ricordo che al Molinari il loro punto di riferimento era una professoressa, Pucci Ferruta, oggi una famosa psicoterapeuta, che all'epoca era un po' la loro mamma, il loro punto di riferimento culturale e ideologico. Negli istituti tecnici gli studenti all'epoca erano quasi tutti di sesso maschile e c'era una cultura maschilista e gerarchica, per cui se il capo diceva: domani si sciopera, tutti obbedivano. E se il capo diceva: quello è fascista, la persona indicata si sarebbe fatta molto male. Al Molinari il punto di riferimento era Grassi, che era uscito da scuola nel '74 ma era rimasto il capo indiscusso. Io personalmente mi sono sempre dato da fare per contenere questa deriva, ma era impresa praticamente impossibile. Un altro che stava al Molinari era Antonio Marino, responsabile del loro servizio d'ordine.
Erano anni schifosi. La violenza era diffusa e ritenuta normale. Da ambo le parti, eh. Ricordo che al mio liceo qualche volta venivano i fascisti, ricordo anche La Russa, armati di catene pesanti. E ricordo anche che una volta a fine lezione – io andavo al Carducci – si presentò davanti a scuola una squadra del Molinari. Cercavano un ragazzo che secondo loro aveva partecipato all'aggressione a un bar di sinistra. Sarà stato il 1972 o il 1973. Si chiama Scotti, era stato mio compagno di classe alle elementari. Ora fa la comunicazione per una società vicina a Comunione e Liberazione. Entrarono dentro l'istituto, lo trovarono e lo riempirono di botte con le spranghe di ferro.

Facciamo un piccolo passo indietro e torniamo ai giorni degli arresti e delle confessioni, perché quasi tutti gli aggressori di Sergio nel frattempo sono diventati medici, alcuni hanno messo su famiglia e c'è chi di loro, avendo continuato a fare politica, ha posizioni importanti nel partito di Democrazia Proletaria, nel quale nel frattempo sono confluiti molti degli aderenti di Ao, dopo lo scioglimento dell'organizzazione.

La reazione del leader Mario Capanna e di tutto l'ambiente di quella che una volta si sarebbe definita «sinistra rivoluzionaria» è, inizialmente, di stupore e di rigetto verso le accuse. Tutti schierati a sostegno degli arrestati.

Sentiamo ancora Salvini, sempre nella sua testimonianza contenuta in *Milano burning*:

> Fu molto particolare la reazione della città a questo gruppo di arresti. Parliamo di studenti di Medicina, poi medici, in buone posizioni, facendo quasi tutti parte della media borghesia milanese, ben relazionati con il tessuto sociale. Avevano tutti amici avvocati, architetti, magistrati; vivevano nel mondo della Milano non dico «bene», ma nel mondo della Milano certamente ben lontana dalla violenza. E invece erano persone che avevano ucciso, coperte da una omertà di ambiente, che li aveva salvati per dieci anni. In realtà tutti sapevano che fossero stati i componenti della squadra di Medicina, guidati da un componente della squadra di Fisica, ex studente del Molinari, che era l'unico ad avere un collegamento con Ramelli. In Città Studi lo sapevano tutti, anzi lo sapeva tutto l'ambiente dell'estrema sinistra milanese, ma nessuno aveva avuto il coraggio di parlare. Fu una specie di catarsi.
>
> Ovviamente io, il collega, il pubblico ministero, la Digos, fummo accusati di voler fare il processo al '68, con la pretesa di giudicare la storia. Invece non era assolutamente questa la nostra intenzione. È ovvio che la vita umana non ha colore. Qualsiasi delitto commesso deve essere perseguito e non ci occupavamo di fatti di destra o di sinistra. Non guardavamo con gli occhi dell'ideologia delitti di questo genere. Eppure

la campagna contro di noi fu pesante. Ci furono comizi improvvisati davanti al tribunale, volantinaggi. Addirittura episodi sgradevoli, come riunioni piuttosto accese del comitato in difesa degli arrestati. In un caso fu addirittura presente un magistrato della corrente Magistratura Democratica.

Il magistrato si riferisce a una riunione pubblica, anzi, un vero e proprio convegno organizzato da Democrazia Proletaria a Milano il 12 ottobre 1985.

I cui interventi vennero registrati da Radio Radicale e che ancora oggi sono ascoltabili sul sito della radio.

Quel giorno nella sala della Provincia di via Corridoni, luogo storico del '68 milanese, ci sono tutti quelli che hanno fatto la storia della sinistra e dell'estrema sinistra italiane.

E intervengono tutti.

Ad aprire le danze è nientemeno che Adriano Sofri, il capo storico di Lotta Continua, che poi sarà a sua volta processato e condannato per l'omicidio del commissario Luigi Calabresi, omicidio per il quale lui si è sempre proclamato innocente.

Sentiamo cosa dice:

> Sono a disagio quando si parla del '68 e degli anni seguenti come di un periodo luminoso, così come non sono d'accordo quando se ne parla in termini di anni bui. Dobbiamo accettare l'ambiguità e la contraddizione. Dobbiamo dire che compimmo veri e propri misfatti. Ci organizzammo anche per menarci tra noi. Rispetto alle persone arrestate io mi sento solidale, al di là di qualunque ricostruzione politica, per la semplice ragione, e non è una metafora, che io avrei potuto fare quello che loro hanno fatto, direttamente o indirettamente.

L'affermazione è forte (e quanto mai profetica, come abbiamo detto) e ha un suo fondamento. Perché vuole semplicemente sostenere che la stagione dell'antifascismo militante ha coinvolto centinaia di migliaia di persone che, al di là di quelli che materialmente hanno ucciso o aggredito, condividevano e sostenevano queste pratiche. La frase di Sofri viene accolta da un lungo applauso dei presenti.

E lui chiosa così: «Immagino bene che l'applauso non sia a questo, ma al fatto che lo dico».

Interviene poi un collega di Salvini, Luigi Saraceni, aderente alla corrente di Magistratura Democratica, storicamente legata al Partito comunista italiano:

> È perciò necessario, e anche urgente, un intervento del legislatore che dica questo: che della nuova identità degli imputati, di quella che è la storia di ognuno degli imputati, anche se hanno commesso un fatto nel quale non si riconoscono più, che appartiene alla loro storia solo meccanicamente, di questa nuova identità bisogna tener conto. E trasformarla in una norma che consenta di ridurre quella pena. Che nessuno di noi riesce a dire che non è necessaria. Ma di contenere quella pena ai limiti tali che non spezzi la vita di questi altri giovani.
>
> La vita di Ramelli è stata spezzata irreversibilmente. Non è più riparabile. Ma sarebbe un grave errore aggiungere a quella vita spezzata altre vite da spezzare per mano delle istituzioni.

Poi parla Edo Ronchi, un passato in Avanguardia Operaia e un futuro che lo vedrà tra gli esponenti dei Verdi fino ad arrivare alla carica di ministro:

> Noi siamo per abolire il carcere. Noi siamo contro ogni violenza. E il carcere è la massima espressione della violenza sistematica.

Quindi è la volta di una firma storica del giornalismo di sinistra, Rossana Rossanda:

> L'inchiesta, nello spirito emergenziale, parte dunque con non poche sbavature, allargando, invece di circoscrivere, un reato stupido e feroce senza tentare di intendere i meccanismi non solo fattuali, ma culturali, psicologici.

Interviene Paolo Hutter, giornalista e anche lui volto noto dell'ultrasinistra milanese:

> Tendevo in genere a comprendere questi episodi medi dell'antifascismo militante – l'andare a cercarli, l'andare ad aspettarli sotto casa, certi processi popolari – come una triste necessità.

Una vera e propria difesa d'ufficio della pratica del cucchino.

Prende la parola anche il socialista Aldo Aniasi. Sì, proprio lui, il sindaco della Milano del 1975:

> Non c'è chi non veda che la punizione, per quanto giusta, se giunga con 10 anni di ritardo, non raggiunge le finalità che la stessa Costituzione stabilisce: il compito non solo di espiazione, ma quello di rieducazione. La storia non la scrivono i giudici.

Ma uno degli interventi che faranno più discutere è quello di uno dei padri della filosofia contemporanea, Ludovico Geymonat, da sempre dichiaratamente marxista.

Sentiamolo:

> A proposito della violenza, c'è chi dice: «Io sono contro tutte le forme di violenza». Ecco, io no. Io non sono contro tutte le forme di violenza. Ho fatto il partigiano e ho esercitato violen-

za, ma credo che l'importante sia distinguere tra la violenza giusta e quella ingiusta. E cosa vuol dire quella giusta? Vuol dire quella rivolta verso il progresso. Questo è il punto fondamentale. L'importante è che ci sia qualcuno che riprenda questa fiaccola che avevamo noi e che è disposto certamente a combattere la violenza stupida, ma nello stesso tempo non rifiuta per principio ogni violenza, ma cerca di orientarla bene, di orientarla per il progresso. Di orientarla per lo sviluppo di un'Italia socialista.

L'intervento di Geymonat si conclude tra gli applausi dei presenti.

Gli fa eco Franco Fortini che però è meno *tranchant*:

C'è violenza giusta e violenza ingiusta. Senza disegno politico per l'avvenire, la violenza è ginnastica. Non dobbiamo essere contro i tumulti, ma solo contro i tumulti stupidi, ne abbiamo visti troppi.

Poi parla Stefano Rodotà, all'epoca parlamentare eletto nelle liste del Pci tra gli indipendenti di sinistra:

Avverto in giro una volontà di rivincita contro il '68 e adesso c'è l'occasione giudiziaria per fare i conti con quel periodo che si vuole dipingere come un incubo violento e in preda a una cultura di complici e pavidi.

Quindi si rivolge ai dirigenti di Dp presenti in sala:

Nell'analisi sulla violenza e la politica sono molto più avanti di voi quelli che stanno in carcere [si riferisce agli ex terroristi dissociati di Br e Prima Linea, *N.d.A.*]. Vogliamo o no distinguere tra responsabilità politica e responsabilità individuale? E tra giudizio storico-politico e azione giudiziaria? È la critica che facemmo al magistrato Calogero sul processo all'Autonomia Operaia. Il fatto penale deve essere fondato su pochi, chiari, precisi fatti. Adesso non va bene?

Prende la parola Claudio Petruccioli, uno degli animatori del '68 e deputato del Pci: «Erano davvero anni di omologazione opportunistica oppure non venne capito che il problema era quello della saldatura storica del movimento operaio alla democrazia?»

Lo interrompe una salva di fischi, ma Petruccioli va avanti:

> Basta con gli equivoci: per Ramelli non usiamo il termine «errore». E non chiediamo aiuto alla morale per giustificare le azioni politiche. Quando sono giuste le ragioni politiche, non c'è bisogno di ricorrere al giudizio morale. Qui il tema è scottante.
>
> Quello che ci divide non è la valutazione sull'importanza del '68, che è stato una grande cosa. Non sono d'accordo nel definire l'iniziativa giudiziaria come «arresti per antifascismo». Gli aggressori di Ramelli sono stati arrestati non perché antifascisti, ma perché hanno compiuto un gesto criminale. Dunque sì alle spiegazioni e no alle giustificazioni.

Quindi legge il corsivo pubblicato da *l'Unità* il giorno dopo la morte di Ramelli, quello intitolato «Teppisti assassini».

Ma la bagarre esplode quando viene chiamata sul palco la giornalista Miriam Mafai, presidente della Federazione Nazionale della Stampa, vicina al Pci, che ha scritto nei giorni precedenti sul suo giornale un articolo molto duro contro gli assassini di Ramelli.

Un gruppo di autonomi cerca di impedirle di parlare; i

militanti di Dp, padroni di casa, li affrontano, si scontrano a calci e pugni.

Poi gli animi si placano e Mafai interviene rivolgendosi direttamente a Capanna:

> Sei un affabulatore. Cerchi di piegare storia e cronaca alle tue convinzioni. Il '68 è stato un grande movimento, ma c'era anche molta paranoia e molta intolleranza. Gli scontri davanti alle fabbriche erano cosa ben diversa dall'aggressione a freddo a Ramelli. Ramelli non è stato un errore, ma un delitto.

Altra voce fuori dal coro, come spesso nella storia radicale, è quella di Gianluigi Melega, che prende il toro per le corna e con una buona dose di coraggio, chiama le cose con il loro nome: «Voi non pensate che un fascista sia uno che sbagli. Pensate che sia uno da ammazzare, no?» La platea reagisce, punta nel vivo. Urla, improperi e fischi rispondono a Melega, che prosegue: «Come volete parlare, come volete discutere con qualcuno convinti delle vostre buone ragioni, se non vi confrontate tra di voi?»

Melega non riesce ad andare oltre. Perché i fischi lo travolgono e lo sommergono.

A concludere il convegno interviene Mario Capanna.

Storico leader del '68, poi capo carismatico del Movimento Studentesco e ora segretario di Democrazia Proletaria, alla quale aderiscono alcuni degli arrestati, come abbiamo visto. Ecco il suo intervento:

> L'agguato risoltosi con la morte di Ramelli fu un tragico errore umano e politico. Umano, perché fu spezzata una vita. Politico, perché fu agguato gratuito, contro un bersaglio ormai sconfitto. Ma ora, da questo tragico episodio si vuol mettere sotto accusa tutto il '68. Si è cercato di mettere in moto un processo, per molti aspetti analogo a quello messo in moto ne-

gli anni cinquanta, ai tempi di Scelba, con la grande pagina della Resistenza antifascista. Lo schema usato fu identico. Non hanno inventato niente. Lo schemino è identico. Si presero alcuni casi, Moranino ad esempio e altri episodi di violenza gratuita, e su quella base si andò all'alba ad arrestare eroici comandanti partigiani. Su quella base si tentò di riscrivere una storia distruttiva della Resistenza e della guerra di Liberazione. Vedete, compagni, a chi si ribella non viene mai perdonato di averlo fatto. La storia ne è piena. Cartagine si ribellò tre volte. La rasero al suolo. Osammo ribellarci e cercammo di farlo non alla rinfusa, ma secondo un progetto, che aveva delle coordinate e molti limiti, anche molti errori. Poi che il seme di quella ribellione è continuato, bene o male, per mille fili a serpeggiare e venire avanti, mentre Roma poté distruggere Cartagine, con noi questo non sono riusciti a farlo. I romani di oggi si trovano di fronte i cartaginesi di oggi. E dunque la storia non la scrivono solo loro, la scriviamo anche noi e questa è una cosa che li fa impazzire.

La linea è chiara: un episodio di violenza, anche se omicida, resta comunque un episodio, che non può inficiare o sporcare la storia della sinistra radicale e dell'antifascismo militante.

Come avete potuto vedere, la verità è esattamente opposta.

Per una serie di circostanze fortuite, solo casualmente l'omicidio Ramelli fu l'unico episodio mortale, ma le aggressioni a colpi di chiave inglese ai «nemici» interni ed esterni furono una pratica organizzata, sistematica e diffusa, che coinvolse centinaia e centinaia di giovani, molti dei quali non sono mai stati individuati, arrestati e processati.

Ma sentiamo ancora Capanna:

I compagni sono in prigione. Non solo Democrazia Proletaria, ma tutti noi abbiamo il dovere di prestar aiuto legale a loro e morale ai loro familiari. Dobbiamo cominciare a dire qualcosa anche al giudice, molto pacatamente [il riferimento è diretto a Guido Salvini, *N.d.A.*]. È ormai quasi un mese che egli ha arrestato i compagni. Dobbiamo chiedergli se egli si rende conto o no del fatto che, data la ripercussione politica della vicenda, che bisogna concluderla questa inchiesta, formalizzarla. Gli avvocati, noi, l'opinione pubblica, i giornali, tutti possono avere gli atti, capire esattamente chi accusa questi compagni, perché vengono accusati e di che vengono accusati. Non si può andare avanti con un arresto un giorno sì e un giorno no. Io credo che dovremmo cominciare a porre fortemente l'accento su questo. E quando avremo tutti quanti gli elementi, noi e l'opinione pubblica, tutti saremo in grado di avere cognizione di causa reale.

Di lì a poco, il leader di Dp sarà accontentato nelle sue richieste, perché gli atti saranno resi pubblici e scoprirà che non esistono grandi manovre o misteriosi accusatori verso gli indagati, ma che, al contrario, sono stati loro stessi ad autoaccusarsi.

8
Ramelli un anno dopo. Ritorsioni e vendette

Torniamo ora al periodo dei fatti.

L'omicidio di Ramelli darà vita a una serie di vendette, di azioni e reazioni, che finiranno per innalzare il livello di scontro: dalle spranghe e le chiavi inglesi alle armi da fuoco. Intanto i cucchini diminuiscono, ma non spariscono.

Avanguardia Operaia, nonostante il disastro fatto con l'aggressione a Ramelli, non demorde.

E vuole a tutti i costi l'egemonia dell'antifascismo militante a Milano.

Così, insieme ai Comitati Antifascisti, organizza un'azione in grande stile. Sempre in zona Città Studi, sempre in viale Argonne, esattamente in largo Porto di Classe.

L'obiettivo è un bar ritenuto un pericoloso covo nero.

Sono passate da poco le 18 del 31 marzo 1976, quando quattro giovani entrano nel locale e chiedono da bere, consumano ed escono.

È il segnale.

Da diversi angoli dello slargo, in decine, alcuni con i volti nascosti da passamontagna, tutti con chiavi inglesi e bottiglie molotov, vanno all'assalto del bar.

I primi a essere colpiti sono alcuni giovani seduti ai tavolini all'esterno.

Ma ce n'è per tutti, anche per chi si trova dentro.

L'azione, che dura pochi minuti, si conclude con il solito copione: molotov sul bancone del bar e il locale che prende fuoco.

Ci sono sette persone ferite, alcune anche molto gravemente.

Uno di questi si chiama Fabrizio Rossi (trauma cranico con ferite lacero-contuse al cuoio capelluto e frattura alla mano destra, con cui cerca di proteggere la testa dai colpi di chiave inglese), è tra quelli che sedevano fuori dal bar.

La polizia lo interroga e sentiamo cosa dice:

> Aveva improvvisamente notato una quarantina di giovani che avevano completamente circondato la piazza, quando due di questi avevano estratto dai giubbotti le chiavi inglesi, tutti gli altri li avevano imitati e si erano mossi verso di loro. Compresa la situazione, egli aveva cercato riparo nel vicino chiosco di benzina dove pero era stato raggiunto da quattro giovani che gridandogli «sporco fascista», lo avevano ripetutamente colpito al capo e sul corpo.

Tra i feriti soltanto uno confermerà alla polizia di essere un simpatizzante di destra. Si chiama Fabio Ghilardi e gli agenti potranno interrogarlo solo venti giorni dopo l'aggressione, perché è ridotto davvero male: trauma cranico, frattura opercolare con affondamento in regione temporoparietale destra, contusioni varie agli arti inferiori.

Tutti gli altri negheranno di occuparsi di politica o di essere di destra.

Addirittura uno dei feriti, Adriano Arnold, preciserà di essere di sinistra e di essersi trovato in quel momento al bar con altri ragazzi, anche loro simpatizzanti di sinistra.

Intanto si avvicina il primo anniversario della morte di Ramelli e anche se il clima della primavera scorsa e dei cortei oceanici di quei giorni ormai non c'è più, polizia e carabinieri intuiscono che il fuoco sta covando sotto la cenere.

E non sbagliano.

Siamo sempre in zona Lambrate-Città Studi, da tempo il vero e proprio campo di battaglia della città.

È l'antivigilia del primo anniversario dell'uccisione del giovane in via Paladini.

Gli ambienti di destra sono in fermento.

Il Movimento sociale italiano ha chiesto alla Questura l'autorizzazione per un corteo di commemorazione del ragazzo. Ma la Questura l'ha negato.

Il diniego, invece di calmare le acque, finirà per agitarle ulteriormente.

Intorno alle 22 del 27 aprile, nei pressi della sezione missina della zona, in via Olindo Guerrini, si sentono delle esplosioni. E subito dopo le fiamme illuminano la notte.

Una cinquantina di militanti di estrema sinistra sta assaltando la sezione, a colpi di molotov. Un'auto parcheggiata nei dintorni prende fuoco.

Siamo all'angolo tra viale Romagna e via Guerrini.

Dalla sezione escono una quindicina di militanti di destra: alcuni si disperdono, mentre altri, a bordo di due auto, cominciano a perlustrare la zona.

Parte la caccia agli aggressori.

I neofascisti imboccano viale Romagna, arrivano in piazza Piola, si fermano per capire se nessuno di loro abbia subito ferite o danni, poi rientrano nelle auto e riprendono la caccia. Girano a sinistra e raggiungono piazza Gian Lorenzo Bernini, ma dei compagni nessuna traccia.

Non si arrendono e proseguono fino a viale Abruzzi.

Nuova virata a sinistra per percorrere il viale, che dopo uno slargo cambia nome e diventa viale dei Mille.

Improvvisamente il mini-convoglio si trova davanti un

gruppetto di cinque-sei giovani che camminano sul lato opposto della strada: hanno il look da compagni.

Potrebbero essere alcuni degli aggressori della sezione, ma anche no.

Parcheggiano le auto in una traversa e si avvicinano in silenzio.

Sono quasi tutti armati di coltelli. Tra i compagni c'è anche una ragazza che insieme a un altro giovane riesce ad allontanarsi.

Scatta l'aggressione e lo scontro è violento.

Tre giovani di sinistra finiscono in ospedale con profonde ferite da arma da taglio.

Si chiamano Luigi Spera, Carlo Parla e Gaetano Amoroso. Il più grave è proprio Amoroso che è in fin di vita. Studente lavoratore, ex militante dell'Unione Marxisti-Leninisti, poi dei Comitati Antifascisti.

Nel giro di poche ore la polizia arresta praticamente tutti gli aggressori. Il personaggio più noto è sicuramente Gilberto Cavallini, che poi diventerà uno dei capi dei Nar, ma questa è un'altra storia.

Restiamo all'aggressione di viale dei Mille e vediamo come il giorno dopo l'*Unità* racconterà l'episodio:

> Agguato fascista a tre giovani nei pressi della Casa dello Studente a Milano. I tre sono stati accoltellati mentre transitavano a piedi in viale dei Mille. Si tratta di Luigi Spera, 20 anni, Carlo Palma, 21 anni, e Gaetano Amoroso, 20 anni. Tutti aderenti ai Comitati Antifascisti di Porta Genova. I giovani sono stati ricoverati all'ospedale Fatebenefratelli. Uno dei ragazzi, Carlo Palma, è stato raggiunto da una coltellata allo stomaco e abbandonato, agonizzante, nella strada. Gli altri due aggrediti, invece, sarebbero riusciti, malgrado le ferite, ad allontanarsi dal luogo dell'agguato. Uno di essi, Luigi Spera, è stato infatti trovato semisvenuto nella vicina via Uberti. L'altro, Gaetano

Amoroso, in via Fratelli Bronzetti. Il criminale agguato si inserisce in una serie di episodi di violenza fascista, legati a una manifestazione di destra indetta per giovedì nella città.

La manifestazione di cui parla il quotidiano del Pci è quella prevista per Sergio Ramelli e non autorizzata dalla Questura, come abbiamo visto in precedenza.

Ma leggiamo la sentenza di primo grado della Seconda Corte d'Assise di Milano, del 27 novembre 1979, a proposito dell'assalto a colpi di molotov alla sezione del Msi e alla successiva decisione di un gruppo di militanti di destra di farsi giustizia da soli:

> Certamente non ci si allontana troppo dalla realtà, presumendo che l'episodio sia stato commentato e inserito nell'atmosfera della serata e del clima politico di quei giorni e che alla comprensibile amarezza per il divieto – sia pur scontato a priori – frapposto dalla Questura a una manifestazione commemorativa per Ramelli, si sia aggiunta l'ira per l'attacco subito all'uscita dalla sezione, per il lancio delle molotov e dei sassi, per il lunotto di un'auto infranto.

Sentiamo ora, sempre grazie alle registrazioni di Radio Radicale, come, durante una delle udienze di un altro processo, quello d'appello per la strage alla stazione di Bologna (è il 1989), Cavallini ricostruirà l'episodio:

> Era l'antivigilia dell'anniversario della morte di Sergio Ramelli, un ragazzo che era stato ammazzato a Milano, sempre nell'ambito di quella logica della guerra civile che dominava quei tempi. Avevo 24 anni. Ci trovammo praticamente assediati dentro una sezione del Movimento sociale italiano, che era adiacente a una Casa dello Studente. Uscendo da questa sezione, ci rendemmo conto che eravamo circondati, ma comunque che l'assedio non era stato completato al punto tale

da non lasciarci una via di fuga. Quindi salimmo in macchina per allontanarci fugacemente dalla zona, perché, come ripeto, eravamo circondati da centinaia di persone e noi eravamo una quindicina. E il nostro gruppo di amici della zona, in due macchine, una dietro l'altra, a un certo punto si è allontanato dalla zona. Poi abbiamo parcheggiato le macchine scendendo per andare a fare un giro, per vedere se c'era qualcuno che poteva avere bisogno di aiuto, posto che eravamo comunque fuori dalla zona di immediato pericolo. Ci siamo imbattuti in un gruppo di avversari politici. Da questo incontro ne è nato uno scontro. Una rissa. Durante la quale chi di noi è stato colpito da colpi di spranga, chi, come altri giovani di opposta tendenza, è stato colpito da colpi di coltello. Uno in particolare è stato ferito da un colpo di coltello al ventre, se non sbaglio. Finché all'arrivo delle sirene, ognuno si è dato alla fuga, compresi i feriti, evidentemente per sottrarsi alla cattura. Cosa che ha determinato, nel caso di questo sfortunato ragazzo, che si trascinasse fino a casa perdendo una copiosa quantità di sangue e che dopo tre giorni, per delle sopraggiunte complicazioni, perdesse la vita.

La tensione ormai è alle stelle.

I missini sono incattiviti per il divieto della Questura di commemorare Ramelli in corteo, ma hanno comunque deciso di ricordarlo con una cerimonia presso la federazione di via Mancini.

L'ultrasinistra è in guerra, dopo il ferimento di Amoroso, che ormai versa in fin di vita e che morirà due giorni dopo.

E qui accade qualcosa di inimmaginabile fino a quel momento.

Un gruppo di ex militanti di Lotta Continua, aderenti a Senza Tregua, tutti di Sesto San Giovanni, sta pensando al salto di qualità.

Il passo successivo è la lotta armata.

Così decidono di abbandonare la pratica dell'antifascismo militante per passare alla guerra allo Stato, con una sorta di omaggio alla vecchia logica, fatto però con gli strumenti del futuro.

Sarà l'ultima pratica del cucchino, realizzata però con le armi della nuova guerra: armi da fuoco.

Amoroso sta morendo, Amoroso va vendicato con l'uccisione di un fascista.

Il gruppo aveva compiuto nei mesi precedenti una serie di pedinamenti di possibili obiettivi.

Tra questi, quello in cima alla lista è un avvocato di mezza età, Enrico Pedenovi, consigliere provinciale del Msi, reduce della Decima Mas, durante la Rsi, che abita, guarda caso, in viale Lombardia, a poche centinaia di metri da via Guerrini.

È lui la vittima prescelta. E va colpita subito.

A caldo.

Sono le 7.45 del 29 aprile: Pedenovi esce dal civico numero 20 di viale Lombardia, per andare alla cerimonia per Sergio.

Sarà lui a tenere il discorso commemorativo in via Mancini.

Ma in via Mancini non ci arriverà mai.

Sale sulla sua auto, percorre alcune centinaia di metri, si ferma a un distributore di benzina. Mentre l'addetto alla pompa rifornisce l'auto di carburante, lui ne approfitta, va nella vicina edicola, compra il *Corriere della Sera*, poi torna, risale in auto e riparte.

Poco dopo rallenta, accosta e si ferma a leggere il giornale.

Non si accorge che c'è una Simca 1000 verde, che lo sta seguendo da quando è uscito di casa.

Anche la Simca ora rallenta.

Il conducente resta a bordo, mentre due giovani escono dall'auto e si affiancano a Pedenovi, che non si è ancora accorto di nulla.

Uno gli si avvicina, mentre l'altro si piazza dal lato del passeggero.

Tirano fuori le pistole, uno dei due la tiene con entrambe le mani e sparano.

Uno, due, tre, quattro, cinque colpi.

È un'esecuzione.

Non ci sarà rivendicazione.

È tutto così chiaro. Troppo chiaro.

Per la prima volta, in Italia, un gruppo estremista ha deciso, pianificato, organizzato e realizzato un omicidio politico.

I tre attentatori si chiamano Bruno La Ronga (quello che era alla guida), Gianni Stefan ed Enrico «Chicco» Galmozzi.

Il gruppo, guidato da un altro militante di Sesto San Giovanni, Sergio Segio, nei mesi successivi si battezzerà con il nome di Prima Linea.

Ne sentiremo parlare a lungo.

Al maxiprocesso contro l'organizzazione, a metà anni Ottanta, tutti i suoi esponenti si dissoceranno e confesseranno le loro azioni.

Leggiamo gli atti della sentenza di primo grado:

> Ha detto il Galmozzi (f. 830 seg. dei verbali di dibattimento): «In realtà stiamo parlando del primo omicidio politico, non casuale, che è avvenuto in Italia, da parte del terrorismo di sinistra. Vi sembra banale che qualcuno, nella notte tra il 28 e il 29 aprile, organizzi, pratichi, scelga un obiettivo, si organizzi e compia un'azione che non era mai stata fatta in Italia, tutto nel giro di alcune ore? È evidente che questa cosa da tempo prima era nell'aria [...]. Il livello di discussione a cui faccio riferimento, a partire dal marzo 1976, è che noi cominciamo a dire che dentro questa sorta di laboratorio si potrebbe pensare di fare uno scontro con i fascisti, radicalizzare il livello di scontro, eccetera [...].

Ricorda La Ronga, sempre nello stesso processo:

> Pedenovi fu scelto perché era un'operazione in una fase di studio già avanzata. Era basata sul tipo di lavoro di controinformazione che avevamo già accumulato. E poi perché era uno dei principali rappresentanti, un personaggio che pensavamo fosse legato ai mazzieri, legato al tipo di pratica squadristica che c'era a Milano in quel periodo. Fu scelto non casualmente. Pedenovi fu un'operazione abbastanza complessa.

Sentiamo ora Mario Ferrandi in una delle conversazioni che abbiamo avuto:

> L'operazione Pedenovi fu fatta per vendicare Amoroso. La logica del botta e risposta. Aveva lo scopo di aprire la strada all'omicidio politico. Che, non a caso, avrebbe creato consenso e comunque pescava nell'atmosfera che si era creata in quei mesi intorno di consenso all'antifascismo militante. In realtà quell'azione fu una specie di addio all'antifascismo militante perché poi la nascente Prima Linea (alla quale aderii poco dopo), non ha mai più sparato o comunque colpito i fascisti. Ricordo anche che una rivista di area, di lì a poco uscì con un documento, riferito all'omicidio Pedenovi, in cui si scriveva: «Bastonare il cane che affoga», riferito ai fascisti. Anche se poi era quasi un paradosso perché parliamo dell'uccisione di un avvocato, un dirigente di mezza età, non di un capo squadrista.

Ferrandi ha buona memoria.

Perché questa massima, attribuita a Mao Zedong, fu davvero evocata e scritta da un documento di area.

Lo riporta direttamente la sentenza di primo grado a Prima Linea:

> E proprio in concomitanza con l'omicidio Pedenovi, con trasparentissimo riferimento al crimine avvenuto un mese e mezzo

prima, su *Senza tregua* del 17 giugno 1976 era dato leggere: «Ora la parola torna alle lotte autonome dei settori avanzati del proletariato, al programma comunista che vive in esse. Già in questi 45 giorni la tregua non c'è stata e non solo per via dell'antifascismo militante, che già ha un carattere positivo, perché picchiando in testa il cane che affoga, rappresenta una prova della capacità del movimento rivoluzionario di costituirsi come forma di governo operaio su scala territoriale, come nuova autorità, nuova legalità, proletaria e comunista». Delitto Pedenovi come delitto lungamente pensato, premeditato e come delitto di «organizzazione», dunque.

La notizia fa esplodere l'ambiente missino, già duramente provato.

Paola Frassinetti:

Da casa mia a casa Pedenovi ci saranno stati 200 metri di distanza. Appena seppi dell'agguato, cercai di andarci. Ma mi fu impossibile. C'erano una marea di estremisti di sinistra in corteo che manifestavano con spranghe e chiavi inglesi. Il morto era nostro e manifestavano loro. In quel momento la loro arroganza e la loro tracotanza erano senza controllo. Furono giorni particolarmente duri e difficili.

Topo Gigio:

All'ingresso della federazione di via Mancini avevano affisso un foglio con i nomi e i numeri di telefono degli avvocati amici, se qualcuno di noi ne avesse avuto bisogno, in caso di fermo o di arresto. E ovviamente c'era anche il nome di Pedenovi. Ricordo che il giorno dopo l'omicidio, qualcuno disegnò una croce vicino al suo nome. Fu una cosa terribile.

9

La polizia parallela. Perquisizioni e schedature

Il punto più alto e violento dell'antifascismo militante, cioè l'organizzazione e la realizzazione a colpi di arma da fuoco dell'omicidio Pedenovi, da parte del nucleo fondante di Prima Linea, come abbiamo visto, costituirà, di fatto, l'abbandono della pratica del cucchino e l'irruzione di molti estremisti di sinistra, non solo milanesi, nel nuovo territorio della lotta armata.

In aperta e dichiarata concorrenza-emulazione con le Brigate Rosse, nella guerra allo Stato.

Ma facciamo un nuovo salto in avanti e ritorniamo al 1985.

È il 30 dicembre, quando la segretaria di direzione del *Giornale nuovo*, su incarico di Montanelli, compone il numero diretto della Digos di Milano.

Al funzionario di turno, la donna racconta una strana storia.

Gli parla di un tappezziere disoccupato, senza fissa dimora, un certo Bolzoni, che, venuto a sapere da un amico che in viale Bligny, 42 ci sono degli abbaini abbandonati, ne forza la porta ed entra. E si imbatte in due grossi bauli, li apre e scopre che contengono materiale particolare: chiavi inglesi, fondine per pistola, divise, detonatori. E anche documenti delle Brigate Rosse.

Pensa che sia qualcosa di importante e spera di ottenerne dei vantaggi economici, magari vendendolo a un giornale.

Chiama subito il *Corriere della Sera*, ma non riesce a parlare con nessuno.

Allora prova con il *Giornale nuovo*.

Qui gli risponde direttamente il cronista Paolo Longanesi che, incuriosito, lo riceve in redazione. Ascolta quello che gli dice Bolzoni e gli chiede di accompagnarlo in viale Bligny. Quando Longanesi arriva sul posto, si porta via molto materiale che reputa interessante. Torna di corsa in redazione e avvisa il direttore.

Ne scriverà un articolo in anteprima e, contemporaneamente, la direzione del quotidiano avvisa la polizia.

La Digos scoprirà presto di avere tra le mani un vero e proprio tesoro.

Intanto il locale è ancora intestato a Giuseppe Ferrari Bravo, sì, proprio «Aldo», uno degli assassini di Ramelli. Poi gli investigatori cominciano a studiare e a catalogare tutto quello che c'è nei bauli.

E allora scopriamolo insieme, scorrendo l'elenco contenuto nella sentenza della Prima Corte d'Assise di Milano per l'omicidio Ramelli e altri reati del 16 maggio 1987:

– Tre fondine di cui una per pistola Beretta
– Bombolette contenenti olio lubrificante per armi, scovolini e strumenti per la pulitura delle stesse
– Un paio di manette
– Un caricatore calibro 7,65 Luger
– Una miccia a lenta combustione, lunga cm 163, normalmente utilizzata per il brillamento di cariche esplosive
– Una ricetrasmittente nascosta in un pacchetto di sigarette
– Una divisa da postino e una da custode
– Una pressa per timbro a secco con timbro quadrato «EC» e un timbro con la dicitura «Università degli Studi di Milano»

– Liquidi per la crittografia e lo sviluppo di scritture invisibili pure evidenziati dalla perizia chimica
– Due chiavi inglesi Hazet 36
– Venti tubicini di rame e alluminio, idonei, peraltro solo potenzialmente, a essere utilizzati come detonatori.

Ma la parte più interessante è quella cartacea e documentale.

Intanto la parte relativa alla nascita dei vari gruppi armati della sinistra, resoconti delle prime riunioni di questi gruppi, organigrammi e nomi dei loro componenti, comprese le Brigate Rosse.

E anche diversi volantini di rivendicazione di attentati e omicidi, da parte delle Br, nel periodo 1977-1978.

Poi ci sono gli schedari. Per meglio dire: le schedature.

Innanzitutto di militanti di gruppi di sinistra considerati «nemici», come Lotta Comunista o Autonomia Operaia. E poi di gruppi non di sinistra.

Come Comunione e Liberazione, in un elenco che contiene nomi, cognomi e numeri di telefono delle rispettive abitazioni.

Dai bauli escono fuori anche fotografie di agenti e funzionari di polizia, ingrandite, ed elenchi di numeri di targa di auto della Questura.

Ma il grosso dello schedario riguarda altro e altri.

Torniamo alla sentenza:

La grande maggioranza del materiale, una quantità invero vastissima (migliaia di schede, migliaia di fotografie) concerne il mondo della destra. Una parte del materiale attiene a esponenti noti della destra politica, ripercorrendone la biografia o è rappresentata da relazioni di cosiddetta controinformazione concernenti fatti eversivi attribuibili all'estrema destra. Moltissimi reperti, invece, nell'ordine di migliaia tra appunti e fotogra-

fie, sono, senza possibilità di accezioni eufemistiche, null'altro che schedature di per sé illecite e prodromiche di aggressioni o di atti di prevaricazione quali effettivamente e con un ritmo impressionante si sono verificati [...].
Ma vi sono anche migliaia di fotografie, negativi, diapositive e anche filmini per cinepresa con all'esterno talloncini indicativi della situazione in cui sono state scattate o riprese (ad esempio: reperto 74 il 29 aprile 1978, anniversario della morte di Ramelli in via Mancini, reperto 79 staffette fasc., reperto 1160 Congresso fasc. Cinema Argentina 1973, reperti 1161 e 1184, per un totale questi ultimi di ben 218 fotografie, Maggioranza Silenziosa). Altre ancora sembrano incollate su ogni singola scheda provenienti dalle varie zone e in questo caso molte delle fotografie, a carattere personale o provenienti da documenti di identità, sono state veramente sottratte alle persone effigiate.

Insomma, la Digos di Milano si trova di fronte alla più grande schedatura di avversari politici mai realizzata da un movimento politico in Italia.

È l'archivio di Avanguardia Operaia.

Leggiamo ancora la sentenza:

Moltissime fotografie che ritraggono persone singole o piccoli gruppi di persone (a scuola, mentre camminano, mentre entrano o escono da una sede) sono frutto di pedinamenti e di appostamenti [...]. Relazioni e appunti circa luoghi di ritrovo (bar, discoteche, giardinetti) e sedi [...]. Anche in questo caso compaiono fotografie del bar, del luogo e dei suoi avventori o frequentatori e in molte relazioni appare l'indicazione «luogo da verificare e fotografare» [...]. Addirittura piantine interne di case private [...]. Compaiono poi schede dettagliate in modo quasi grottesco con l'annotazione dell'avversario, in ogni suo particolare: se porta o meno le basette, se ha il naso aquilino o a patata, se ha nei, se possiede cani, se quando cammina si guarda in giro, se ha una fidanzata, dove e a che ora pran-

za, quali hobby coltiva e addirittura dove va in villeggiatura. Moltissimi giovani e giovanissimi, non escluse le ragazze, risultano «identificati» durante raids e sottoposti a interrogatori, per costringerli a fare i nomi di amici presunti fascisti e a farsi spie nei confronti dei compagni di classe. Molti studenti vengono «fermati per accertamenti» [letterale, *N.d.A.*] e «perquisiti» [idem, *N.d.A.*] a scuola o per strada.
Di altri si programma in anticipo l'espulsione dall'istituto.
L'ossessione per la schedatura non è temperata nemmeno dal rispetto di fronte a eventi quali il funerale di Sergio Ramelli. Ecco le foto, scattate in quell'occasione da qualcuno appostato in zona, con tanto di indicazioni dei presenti alla cerimonia. Ecco una cartelletta con l'intestazione «Piangono per la morte di fascisti – elenco».

I funzionari e gli agenti della Digos non credono ai loro occhi.

In un Paese democratico, con organi giudiziari e di polizia preposti a far rispettare le leggi vigenti e a perseguire i reati, per diversi anni si è mossa una sorta di polizia politica ed etica parallela.

Completamente illegale.

Che fermava le persone per strada.

Le interrogava, le perquisiva.

Sequestrava loro foto e documenti personali.

Le fotografava e le filmava di nascosto.

Le pedinava, le intercettava.

Torniamo alla sentenza che prosegue nella descrizione del materiale ritrovato in viale Bligny:

È sempre sottinteso, ma sovente è addirittura esplicito, il compiacimento per l'uso della violenza e per i risultati così ottenuti. Ad esempio nel reperto 621, a proposito di alcune persone «già randellate due anni fa», si annota che, a eccezione di tale Sciunimanico, «gli altri sembrano rinsaviti grazie alle cure». Il reperto 864 è costituito da una fotografia con due giovani scattata da ignoti in un'aula del tribunale sul cui retro è precisato che si tratta di tali Nella e Tartanelli imputati di falsa testimonianza nel processo per l'omicidio dello studente Brasili. Il commento categorico è che i due giovani a piede libero sono da sprangare [...]. Vi è poi una scheda riguardante Rodolfo Mersi, cameriere iscritto alla Cisnal e testimone al processo per la strage dinanzi alla Questura di Milano. Mersi, aggredito all'interno del ristorante ove lavorava durante la «settimana rossa» dell'aprile 1975, ebbe il cranio sfondato e rimase invalido per la fuoriuscita di materiale cerebrale. Il commento degli schedatori è però implacabile: «steso bene».

Ci sono poi una quarantina di documenti personali di identità, «acquisiti all'archivio a seguito di aggressioni di tipo squadristico, sequestri di persona, odiosi interrogatori nelle scuole, corredati da minacce e proposte a divenire "infiltrati". A questi documenti vanno aggiunte le decine e decine di agendine, anche queste «sequestrate» con gli stessi metodi. «Il fenomeno ha avuto certamente proporzioni ancor più vaste, considerato che in molte schede si parla di agende "sequestrate" e delle indicazioni che ne sono state tratte, senza che le agende medesime siano state rinvenute.»

La Digos fa un grande lavoro di individuazione di molti intestatari di questi documenti e di queste agendine.

Si tratta per lo più di giovani, spesso adolescenti al momento dei fatti.

Citiamo solo qualche episodio dei tanti ricostruiti dalla polizia e riportati in sentenza:

Il 20 dicembre 1975, durante una manifestazione di Avanguardia Operaia, in risposta all'inaugurazione del circolo «Sergio Ramelli», mentre si trovavano a passare in centro venivano aggrediti a colpi di chiavi inglesi Paolo Rizzi e Luigi Stufano. Rizzi, al quale fortunatamente gli aggressori non riuscivano a strappare il casco da moto, riportava la frattura del radio e lesioni al ginocchio, svenuto, si risvegliava in ospedale alcune ore dopo. Lo Stufano riportava lesioni al capo e veniva ricoverato, come l'amico, in ospedale per una settimana. I documenti loro sottratti venivano rinvenuti, in copia, in viale Bligny.

Altro episodio, per fortuna meno cruento:

Franco Marinoni è stato oggetto di una aggressione non grave durante un corteo di Avanguardia Operaia del 1975: in quella occasione gli era stato sottratto il borsello con i documenti rinvenuti naturalmente in viale Bligny.

Andrà peggio a un altro giovane, stavolta nella repubblica rossa di via Crescenzago:

Giuseppe Tinti è stato gravemente ferito a colpi di chiave inglese da studenti del Settimo o del Molinari mentre si trovava in metropolitana con la fidanzata. I suoi documenti, unitamente a una scheda (trascritta da Marco Costa) ove è postata anche la data dell'aggressione (26 giugno 1975), sono stati rinvenuti nell'abbaino. Le successive minacce, le scritte murali, corredate dal simbolo della chiave inglese, le telefonate anonime, avevano costretto il Tinti a lasciare Milano.

Proseguiamo:

Antonio Remonato ha subito nel 1973 o nel 1974 una rapina in viale Argonne, rientrando da scuola verso casa, a opera di due estremisti che, costringendolo verso una macchina in sosta e minacciandolo con una spranga, lo avevano derubato di alcune foto e di una agendina.

Altro episodio:

> Massimiliano Sandano, studente del Molinari, scambiato per fascista, è stato aggredito a pugni e calci, dopo essere stato prelevato dalla classe, trascinato in testa a un corteo, derubato dei documenti ed espulso dalla scuola [...]. Uno dei documenti sottratti a Sandano durante l'aggressione del maggio 1974, e cioè la patente di guida, era stata casualmente rinvenuta nel 1976 falsificata. Infatti, al posto della fotografia di Sandano vi era applicata quella di Francesco Forcolini, uno dei fondatori di Avanguardia Operaia, allora segretario della federazione romana di Ao [...]. Dal canto suo, proprio Forcolini ha dovuto ammettere che il falso documento era stato approntato da qualcuno dell'organizzazione, comunque a sua insaputa, al fine di assicurarsi la disponibilità di un documento di identità più idoneo in caso di colpo di Stato.

La sentenza della Prima Corte d'Assise di Milano riempirà pagine e pagine, citando molti episodi simili.

Ce ne sono alcuni che però meritano di essere raccontati per il cortocircuito e l'insensatezza che li caratterizzano.

Come quello che riguarda Roberto Gorla, aggredito nei pressi di San Babila, insieme a un amico, da una squadra che si stacca da un corteo contro la strage di Brescia:

> Mentre attendeva di poter attraversare piazza San Babila, dopo aver preso un aperitivo in un bar di via Montenapoleone, era stato additato da una ragazza che procedeva staccata dal corteo (evidentemente una staffetta): era subito sopraggiunto un giovane che gli aveva chiesto i documenti, nonché una squadra che, contemporaneamente, lo aveva aggredito alle spalle e massacrato a colpi di chiave inglese. Aveva subito varie fratture al cranio, fratture frontali, alle ossa nasali e alle ossa intorno all'orbita dell'occhio destro [...]. Ha perso l'uso dell'orecchio destro e dell'olfatto [...]. È stato dichiarato per-

> tanto invalido civile [...]. L'unica «colpa» di Gorla, amico tra l'altro di Roberto Tuminelli [come abbiamo visto, uno dei capi del Movimento Studentesco, *N.d.A.*] consisteva probabilmente nell'aver preso parte del 1971 a una manifestazione della «Maggioranza Silenziosa» (movimento dal quale si era ben presto allontanato). Una fotografia comparsa su un quotidiano lo aveva ritratto tra i partecipanti nel corso di tale manifestazione e, forse a seguito dello studio di tale fotografia e delle «indagini» conseguenti, era stata compilata la scheda a suo nome di cui al reperto 1246.

Dicevamo dell'attenuarsi dell'antifascismo militante a Milano dopo il 1976.

E questo lo dimostra la quasi scomparsa della pratica dei cucchini.

Ma dalla lettura dello schedario di Ao emerge anche un'altra verità.

E cioè che la polizia politica ed etica del movimento continuerà a fermare, minacciare e rubare documenti personali a giovani di destra fino al 1980, ben oltre lo scioglimento del gruppo e quando molti suoi esponenti e dirigenti sono ormai confluiti in Democrazia Proletaria, partito peraltro che ha candidato suoi esponenti sia al Parlamento nazionale sia nelle amministrazioni regionali e comunali.

Proseguiamo allora nella lettura della sentenza.

Stavolta, siamo nel 1980 e i pasdaran della repubblica rossa di via Crescenzago se la prendono con due ragazzine:

> Nel 1980 Elena Dusi e Federica De Ponte hanno riferito di aver subito, quindicenni, due «processi politici» in una auletta del Settimo istituto tecnico da loro frequentato, ricevendo minacce, inviti pressanti a riferire i nomi dei loro amici e l'agenda della De Ponte, sottratta in questa circostanza, è stata rinvenuta nell'abbaino.

Nello stesso periodo e nello stesso stanzino, finisce sotto processo Franco Torelli:

Anche in questo caso le minacce miravano a ottenere che egli confessasse chi erano i suoi amici di destra e quali erano i loro luoghi di ritrovo. Tra gli aggressori egli ha indicato Marzio del Molinari e cioè un militante della Commissione Antifascista Città Studi-Lambrate, più volte ricordato da Marco Costa. Del resto la cartelletta concernente Torelli si trova nella cartelletta della sezione Lambrate (fatto che, secondo quanto risulta dalla scheda, accade il 10 novembre 1980).

Proseguiamo:

Cinzia Barbieri è stata vittima di uno scippo dinanzi alla sua scuola, in zona Lambrate, a seguito del quale le fu sottratta l'agenda; quest'ultima risulta trascritta e analizzata nell'ambito di una relazione della «sezione Lambrate» [...] Dalla relazione risulta la data esatta del «fermo» [letterale, *N.d.A.*) subito dalla Barbieri: 11 dicembre 1978.

Andiamo avanti:

Nicolò Sciammanico aveva subito all'Istituto tecnico Cattaneo, «territorio» di Democrazia Proletaria, il furto dell'agendina, sulla base di tale documento era stato pesantemente invitato a collaborare (fatti del 1979).

Altro episodio:

Settimo Bertin è stato aggredito, a distanza di pochi giorni, due volte nella primavera 1979: la prima volta, in piazza 24 Maggio, a opera di cinque individui che, mostrando di conoscere il suo nome e apostrofandolo come fascista, lo avevano colpito con pugni e calci, gli avevano sottratto la carta d'identità e due tessere Cisl e gli avevano intimato di fare i nomi dei suoi «amici fascisti». Spaventato e trovandosi con un collo di bottiglia alla gola, aveva detto, a caso, il nome del suo amico Camerini. Qualche giorno dopo, mentre passava con tre amici da via Vetere [ex sede di Avanguardia Operaia e poi sede di Democrazia Proletaria, *N.d.A.*] una ventina circa di persone, uscite dalla sede di Democrazia Proletaria, li avevano aggrediti. Gli altri tre erano riusciti a scappare mentre lui era stato circondato e picchiato duramente con corpi contundenti. Era tuttavia uscito dalla sede anche un militante da lui conosciuto, tale Massimo Scarparo, il quale, resosi conto di chi fosse la vittima di turno, aveva tentato – ahimè troppo tardi – di convincere i compagni dell'estraneità del Bertin alla politica. Il giorno dopo un tale – che aveva lasciato intendere di essere uno degli aggressori – gli aveva telefonato fissandogli, peraltro con tono poco rassicurante, un appuntamento per la restituzione dei documenti, appuntamento al quale il Bertin, per timore, non si era presentato.

Dai primi anni Settanta in poi, nella sola Milano, sono stati circa duecento i cucchini (quelli denunciati, il che significa che probabilmente sono stati anche di più) a colpi di spranghe e chiavi inglesi, ai danni di militanti, simpatizzanti di destra o presunti tali, ma anche di militanti cattolici, di partiti di centro e non pochi quelli che hanno coinvolto gruppi dell'estrema sinistra in una lunga e sanguinosa faida interna.

Calcolando una media di quattro-cinque aggressori e che probabilmente diversi militanti abbiano preso parte a più di un cucchino, parliamo di circa sette-ottocento persone coinvolte in questa pratica. A questi vanno aggiunti i loro superiori gerarchici all'interno delle diverse organizzazioni che avevano ordinato queste aggressioni o che comunque conoscevano e condividevano queste pratiche. E arriviamo a circa un migliaio di persone.

Ebbene, i militanti di estrema sinistra identificati, accusati o condannati per queste aggressioni sono stati meno di 100.

Ma non basta, perché a questi vanno aggiunte quelle persone che hanno condotto attività di «polizia parallela»: pedinamenti, scatti di fotografie o riprese video, minacce, telefonate anonime, sequestri lampo di persona con furti di agendine e documenti.

Anche qui, saranno pochissimi i responsabili identificati, come conferma la stessa sentenza:

> Le verità contenute nei bauli dimenticati in viale Bligny trascendono il reato di ricettazione di cui al capo 20 e riguardano un numero di militanti ben superiore a quello di pochissimi cui è stato contestato, secondo la rigorosa impostazione degli inquirenti, il reato di ricettazione.

C'è poi un altro tema da affrontare.

Quello del contesto ambientale, mediatico e politico.

Come giustamente mi ha scritto in una delle sue mail Enrico Galmozzi, «il cosiddetto antifascismo militante era legittimato da un ampio sostegno di massa. Sfido a chiedere a chiunque abbia partecipato a un corteo di quegli anni se non abbia mai urlato "morte al fascio"». Per cui non ci si può stupire neanche lontanamente se migliaia di persone abbiano tradotto in realtà questi slogan.

Restiamo soltanto al giornale di Avanguardia Operaia, il *Quotidiano dei lavoratori*.

Sempre la stessa sentenza ne analizza alcuni titoli e alcuni articoli, che rendono meglio l'idea:

> 3-1-1975 «La proposta dell'organizzazione comunista Avanguardia Operaia di fissare per il 23 gennaio, nell'anniversario dell'assassinio del compagno Franceschi, una giornata di mo-

bilitazione contro i fascisti e contro la Democrazia cristiana» (occhiello in prima pagina).

Due giorni dopo:

5-1-1975 (sotto il titolo di «Antifascismo») «Fascisti bastonati-Torino.»
Per questa mattina era stata annunciata una riunione del Fuan [...]. All'ora prestabilita, un folto gruppo di compagni è andato ad accogliere i fascisti.
È comparsa un'automobile con a bordo il noto Maesano, responsabile e candidato del Fuan per i parlamentini, che già due mesi fa aveva inciampato in una frattura multipla [*sic*, in sentenza, *N.d.A.*], che lo aveva tenuto lontano dall'università per due mesi.
Costui, non convinto, questa mattina, uscendo dalla macchina, ha estratto una pistola lanciarazzi, con la quale ha sparato in direzione dei compagni.
Questi, per nulla intimoriti, hanno duramente bastonato Maesano e il suo collega e poi hanno provveduto a ripulire l'università dai fascisti.

Leggiamo sempre la sentenza:

E ancora, a proposito di un ufficio sempre in Torino, di un esponente dell'Msi, si dice che è andato completamente distrutto a causa di un furioso incendio che inspiegabilmente si è sviluppato. Il custode dello stabile ha sostenuto di aver notato due giovani allontanarsi rapidamente dal covo fascista prima di potersi rendere conto dell'accaduto.

Dopo due giorni, altro articolo:

7-1-1975 (a proposito di due sedi missine «andate a fuoco»). Purtroppo i danni sono stati minimi e nessun fascista ha incocciato negli ignari compagni antifascisti.

Articolo successivo, quello del 19 gennaio 1975:

(a proposito delle elezioni per i parlamentini universitari, in Roma) I fascisti che in tutto l'arco della campagna elettorale non sono riusciti a tenere neanche una riunione in nessuna facoltà dell'Università di Roma, neppure il giorno dell'elezione sono riusciti a mettere piede nell'ateneo. Alcuni di loro volevano votare, sei per l'esattezza: sono stati riconosciuti e riaccompagnati al cancello dell'uscita dell'università, dopo aver ricevuto qualche ceffone e sputo in faccia.

Il 28 febbraio a Roma si tiene una delle udienze per il rogo di Primavalle, che vede imputati tre militanti di Potere Operaio.

Fuori da piazzale Clodio si scontrano militanti di destra e di sinistra.

Quelli di sinistra sono infinitamente superiori di numero. Alcuni di loro sono armati di pistola, come testimoniano le fotografie scattate in quelle ore, che verranno successivamente pubblicate su diversi organi di stampa.

Un gruppo nutrito si stacca dal Tribunale e attraverso un percorso di circa un chilometro e mezzo, in cui trova il modo di aggredire alcuni agenti e incendiare una volante, assalta la sezione del Msi della zona, che si trova all'angolo tra piazza Risorgimento e via Ottaviano. Durante l'assalto, i compagni sparano diversi colpi e uno di questi centra in testa uno studente del Fuan, figlio di oppositori greci, fuggiti dal regime dei colonnelli, Miki Mantakas, che morirà all'istante.

Ne seguiranno giorni di scontri non solo a Roma.

Sulla vicenda torna il 12 marzo il *Quotidiano dei lavoratori*.

Leggiamo in che modo:

«Un morto che nessuno piange» (articolo a firma di Silverio Corvisieri) [...] Negli ultimi giorni i fascisti avevano tentato

di rialzare la testa, prendendo a pretesto il processo contro il compagno Lollo e cioè prendendo a pretesto l'ennesima montatura poliziesca e giudiziaria per dare una qualche giustificazione alla tesi degli opposti estremismi. Si sono raggruppati i fascisti dentro e fuori il Palazzo di giustizia con la complice connivenza dei poliziotti [...]. Di fronte a questo scandalo, i compagni della sinistra rivoluzionaria hanno reagito con fermezza. Hanno affrontato l'altro giorno i fascisti armati e li hanno messi in fuga, nonostante l'intervento della polizia. Nel corso degli scontri sono stati sparati da varie parti, anche dalla polizia, colpi di pistola. Questo livello di scontro è stato imposto dal fatto che i fascisti sparano ormai con regolarità senza venire arrestati. Per non parlare della folle equiparazione stabilita dalla Dc e dal governo, tra armi e bastoni. C'è stato un morto, per una volta si tratta di un fascista, anziché di un compagno o di un passante.
Non ci sarebbe altro da aggiungere, se non una breve considerazione sulla necessità che il movimento antifascista in genere e la stessa risposta militante non si disperdano in mille rivoli, in azioni isolate, semispontanee, non calcolate sotto il profilo politico e anche militare [...]. Anche negli scontri di Roma si deve trarre l'insegnamento che è finito il tempo della passività o, addirittura, delle complicità coi fascisti. È doveroso, per tutti, pronunciarsi, scegliere con decisione la barricata sulla quale stare e poi starci in modo conseguente. L'antifascismo parolaio, in questo trentennale dell'insurrezione popolare, deve restare soltanto sulle bocche dei democristiani e nei salotti dei padroni.

Qualche precisazione va fatta sul contenuto dell'articolo. Risulta evidente lo stravolgimento dei fatti, in un'ottica, peraltro dichiarata, di propaganda politica.

Nessun altro sparò quel giorno tranne due militanti di sinistra, come risulterà da tutte le inchieste.

E, ripetiamo, le foto scattate mostrano chiaramente chi fosse armato e chi no.

Il 14 marzo, commentando l'aggressione a Sergio Ramelli, il quotidiano di Ao titola: «Un noto fascista scivola e si fa male». Il giorno successivo, altro articolo su Ramelli:

«Fascisti – Gravi le condizioni di Ramelli»
Mi,14. Rimangono sempre gravi le condizioni di Sergio Ramelli [...]. Di lui si sa che poco tempo fa era stato allontanato dalla scuola dove studiava, l'Istituto tecnico Molinari, perché ritenuto un organizzatore di aggressioni squadriste e di attentati. A Ramelli si fa risalire la paternità del lancio di alcune bottiglie incendiarie avvenuto alla fine di gennaio, in virtù del quale esplose l'auto di un insegnante, ferendo diverse persone tra cui i vigili del fuoco.

Anche qui le falsità diffuse come verità sono davvero abnormi.

Mai Ramelli è stato accusato di qualsiasi attività squadrista o violenta.

E l'incendio dell'auto di cui parla il giornale si riferisce all'assalto a colpi di molotov contro l'insegnante di religione che fu tra i pochi a difendere Ramelli quando fu costretto a cancellare le scritte fasciste sul muro del Molinari.

Articolo del 19 marzo 1975:

«Il professore è fascista»
Il collegio degli insegnanti dell'Istituto tecnico Galvani si è rifiutato di manifestare la propria solidarietà all'insegnante rimasto ferito l'altro giorno. Sl tratta di un fascista, questo è il motivo dell'atteggiamento del collegio. Non si tratta quindi di un'aggressione di chiara marca fascista, come avevano scritto sulla base di informazioni erronee, ma semplicemente del fatto che questo fascista ha inciampato in una dura punizione.

10

Un altro 13 marzo. *Game over* al liceo Parini

Come avete visto, questa storia si concentra e si svolge praticamente tutta in un quadrante ben preciso di Milano: la semiperiferia e la periferia nord-est, tra Città Studi, Lambrate, fino a via Crescenzago.

Qui si trovavano il Molinari e il Settimo.

Qui abitava e fu ucciso Sergio Ramelli.

Qui c'era la facoltà di Medicina da cui partì la squadra che lo aggredì.

Qui si trovava la sede del Msi di via Guerrini nei cui pressi viene ucciso Gaetano Amoroso. Qui abitava e verrà falciato a colpi di pistola Enrico Pedenovi.

Restiamo sempre a scuola, ma stavolta ci spostiamo in pieno centro.

Perché l'istituto di cui stiamo per parlare è il Liceo classico Giuseppe Parini, il più antico e prestigioso della città.

Istituito addirittura nel 1774, dall'imperatrice Maria Teresa d'Austria, presso il palazzo di Brera, dopo l'unità d'Italia, viene ribattezzato, siamo nel 1865, con il nome di Giuseppe Parini.

A metà degli anni Trenta, la scuola si trasferisce da palazzo Longone, in via Fatebenefratelli, in quella attuale, costruita per l'occasione, in via Goito.

Il palazzone, in rigoroso stile littorio, sorse sulle ceneri del grande monastero di San Marco.

Nell'atrio della scuola appare una targa con su scritto: «Qui sorgeva la foresteria del convento di San Marco dove dimorò dal 23 gennaio al 15 marzo 1770 Wolfgang Amadeus Mozart, mai tanto onorato e stimato quanto in Italia».

Molti gli studenti illustri; qualche nome, riportato nel sito della scuola: Alessandro Manzoni, Carlo Cattaneo, Cesare Correnti, Luciano Manara, Clemente Rebora, Carlo Emilio Gadda, Dino Buzzati, Franca Valeri, Walter Tobagi.

Tra le migliaia di fogli contenuti nei due grossi bauli dell'archivio di Avanguardia Operaia, la Digos e i giudici Salvini e Grigo – che si occuperanno di istruire le indagini – vengono colpiti dalla fotocopia di un documento.

O meglio, di una tessera del Fronte della Gioventù, intestata a tal Sergio Spagnolo.

L'anno scritto sulla tessera è il 1979.

Accanto alla fotocopia c'è anche un rapporto sull'intestatario, studente in quel momento del terzo anno, la 1ªC, proprio del liceo Parini.

Così polizia e magistrati convocano Spagnolo che racconta una storia che ha dell'incredibile.

Leggiamo sempre la sentenza:

> Sentito in merito all'accaduto prima da un funzionario della Questura e poi dal giudice istruttore, lo Spagnolo riferiva: di aver a suo tempo simpatizzato per le forze giovanili di destra, iscrivendosi nel 1979 al Fronte della Gioventù, con un'impossibilità, di fatto, di svolgere qualsiasi attività politica, particolarmente al liceo Parini, ove l'estrema sinistra, egemonizzata dai più consistenti e intolleranti gruppi di Lotta Continua e Democrazia Proletaria, aveva tolto loro ogni agibilità politica.

Dunque Spagnolo, pur militando, fuori dalla scuola, nel movimento giovanile missino, dentro l'istituto evita di esporsi e di schierarsi, sperando di non essere preso di mira.

Ma le cose non andranno così.

Succede, infatti, che il Fdg milanese pubblichi un proprio giornaletto, ciclostilato, dal titolo *Fare fronte*, con cadenza mensile. E che nel numero di febbraio 1979, lo stesso Spagnolo scriva un articolo proprio sul Parini, intitolato «L'attività compagnesca al Parini», in cui si afferma che l'attività della sinistra nello storico liceo ormai è limitata a poche iniziative e che i compagni della scuola ormai «sono degli scoppiati».

Ma le ultime righe dell'articolo sono quelle più interessanti:

> Per concludere, è da notare la cosa forse più importante: allo scoppiamento dei compagni si contrappone l'aumento piuttosto consistente degli aderenti al nucleo Fdg Parini. E il risultato ottenuto nella scuola non è l'unico: molte altre scuole stanno costituendo il loro sia pur piccolo nucleo. Coraggio, ragazzi.

L'articolo è firmato «Alcuni camerati del nucleo Fdg Parini».

La verità è che non c'è nessun nucleo, né che stia per nascere un bel nulla.

Del resto, come abbiamo detto, Spagnolo, e un altro ragazzo, Stefano Passaquindici, sono forse gli unici due militanti di destra di tutta la scuola e nemmeno lo dichiarano.

Non fanno nulla di nulla e cercano solo di sfangarla, mimetizzandosi con gli altri studenti.

Insomma, il contenuto di questo articolo è semplicemente una bravata propagandistica. Che però sortisce il suo effetto.

Perché il testo arriva fino alle cellule di estrema sinistra del liceo, che ci credono e si preoccupano davvero.

Ma Spagnolo non sa che il fuoco sta covando sotto la cenere e continua, tranquillo, a frequentare le lezioni.

Fino al 13 marzo, esattamente il quarto anniversario dell'uccisione di un altro Sergio. Leggiamo cosa accade:

> Verso le 13.30 di quel 13 marzo 1979, di ritorno a casa, tre giovani sconosciuti, dopo avergli chiesto se si chiamasse Sergio e se fosse simpatizzante del Fdg, lo avevano scortato tenendolo per le braccia lungo la via Jan fino a via Plinio, gli avevano strappato la cartella e si erano impossessati della sua tessera del Fronte, di 4 fototessere, della sua agendina e di una medaglietta con la croce celtica.

Ho rintracciato via mail Sergio Spagnolo. Oggi è un avvocato piuttosto noto e quotato del foro milanese e ha accettato volentieri di vedermi.

L'incontro è avvenuto nel suo studio il 25 novembre 2023.

Ecco cosa ricorda di quel giorno e di quell'aggressione:

> Io abitavo in zona Buenos Aires. Scendo dal tram per andare a casa e vedo arrivare verso di me tre ragazzi mai visti prima, uno che esce da un portone, uno da dietro una macchina e un altro che mi viene incontro. Mi dicono: «Ciao, Sergio». Io all'inizio non capisco. Penso che siano magari simpatizzanti di destra della zona che vogliono mettersi in contatto con me. Avevano impermeabili, capelli corti, potevano benissimo anche essere di destra. Neanche il tempo di rispondere che mi arriva uno schiaffone in faccia. Uno mi tiene bloccato il braccio da dietro, mi prendono il portafoglio e tirano fuori mie foto, la mia tessera del Fronte, io stupidamente avevo anche una medaglietta con la celtica dentro il portafoglio. Quando scoprono tessera e medaglietta, mi arriva un cazzottone in faccia. Mi prendono anche l'agendina. Mi portano per centinaia di metri lungo la strada e durante il tragitto, calci, pugni, sberle e mi fanno: «Adesso tu ci dici chi sono i fascisti della zona e chi sono i fascisti i cui nomi hai sull'agenda». A un certo punto

uno mi prende la mano e me la mette sopra il suo impermeabile, mi fa sentire che sotto porta qualcosa di metallico, non so se fosse una spranga o una chiave inglese. Insistono: «Facci i nomi dei fascisti tuoi amici», ma ormai comincia a passare tanta gente, allora mi prendono la testa e provano a spingerla con forza contro il palo di un semaforo. Riesco parzialmente a schivarlo e mi lasciano andare. Torno a casa sconvolto, perché mio padre stava già molto male, lo dico a mia madre che mi risponde: «Hai fatto una scelta, questa è la conseguenza, quindi non piangere e non lamentarti».

Il giorno dopo, il giovane Spagnolo torna a scuola ancora sotto choc.

Sentiamolo:

Racconto ai miei compagni di classe, con cui avevo un bel rapporto di amicizia, quello che mi è successo. In quel momento pensavo che i tre che mi avevano aggredito fossero compagni del quartiere, anche perché vicino a casa mia c'era una sede dei Comitati Antifascisti, e che quindi il Parini fosse per me ancora un rifugio sicuro. A un certo punto, avevo appena finito di consegnare il compito di italiano, entra in classe uno dei compagni della scuola, uno dei capi, che mi dice: «Senti, Sergio, sappiamo quello che è successo ieri. Vogliamo solo parlarti». Rispondo «Va bene» e lo seguo. Mi portano al piano di sotto ed entriamo in uno stanzino subito dopo l'aula magna, che veniva chiamato lo «stanzino dei compagni», dove loro bivaccavano, avevano le loro cose, i tazebao, il ciclostile. Insomma, se ne erano impadroniti e ne avevano fatto la loro base.

La sentenza:

La mattina seguente, a scuola, Spagnolo era stato avvicinato da Luca Belenghi, esponente di Democrazia Proletaria del Parini, il quale gli aveva proposto di addivenire a un chiarimento e di seguirlo per discutere in proposito con lui e con altri nella stanzetta in uso all'estrema sinistra. Lo aveva seguito senza particolare timore. All'interno dello stanzino, il cui ingresso era presidiato da tre persone, vi erano sei giovani.

Spagnolo si trova in un improvvisato e agghiacciante processo politico. In orario di lezioni, all'interno del più antico e importante liceo della città. Sentiamo ancora il suo ricordo nel corso del nostro incontro:

Scendo nella stanzetta e vedo alcune persone che stanno fuori, come se fossero di guardia. Uno di loro lo conoscevo benissimo, era di un anno più grande, anche lui tifoso milanista come me, sapevo che era di sinistra ma avevamo un buon rapporto. Entro nello stanzino e subito capisco che non è la linea del dialogo, perché chiudono la porta. Sono tutti di Lotta Continua e Democrazia Proletaria.
Mi fanno sedere e loro restano tutti in piedi, intorno a me.
Uno mi molla subito un pugno sullo zigomo, mentre un altro dice: «Non colpitelo in faccia, non lasciategli segni».
Prendono dei bastoni e cominciano a picchiarmi sulla schiena, sui reni, sulle costole, poi posano i bastoni e continuano con calci e schiaffi.
«Abbiamo la tua agendina» mi dice uno. Adesso tu ci fai i nomi di quelli di destra in questa cazzo di agenda. Io cercavo di traccheggiare, dicendo: «Ma qui ho solo amici» e giù altre botte. A un certo punto arriva uno che non conoscevo, un esterno, che poi ho scoperto venire dal Manzoni, il più cattivo di tutti. Subito mi tira un cazzotto fortissimo sulla testa, da dietro. Io sto per perdere i sensi e comunque ora sono davvero terrorizzato.
«Tu ora fai la fine di Ramelli» mi dice un altro.
Io porto un braccialetto con le perline nere: me lo strappano e me lo lanciano in faccia. Questa tortura dura almeno mezz'ora, ma a me sembra un secolo.
Insistono nel volere i nomi dei fascisti, ma io non gli dico niente. Mi fanno il nome di Stefano Passaquindici e aggiungono: «Lo

sappiamo bene che è un fascista come te». Poi parlano di un certo Carbonaro, che io non conosco. Cerco di sminuire il mio ruolo: «È da poco che frequento questo ambiente». Un altro mi dice: «Sei tu lo stronzo che ha scritto quell'articolo, sei una testa di cazzo». A quel punto comincio a ricollegare tutto.

I suoi sequestratori glielo dicono chiaramente: o collabori con noi e ci dai i nomi degli altri fascisti che compongono il nucleo del Parini (che come abbiamo visto, non esiste), oppure dovrai lasciare la scuola a fine anno.

Ecco cosa dirà Spagnolo ai magistrati che lo interrogavano molti anni dopo, torniamo alla sentenza:

> Mi dissero che se non la smettevo di fare politica o comunque se non collaboravo, avrei fatto la fine di Ramelli, mi avrebbero rotto i denti e che il liceo classico «apre la testa», riferendosi non certo a un miglioramento culturale. Conoscevo bene tutti i ragazzi che erano con me in quello stanzino, in quanto attivisti di estrema sinistra della scuola a eccezione di uno, che comunque conoscevo.

Alla fine lo lasciano andare.

Ad aspettarlo due suoi compagni di classe, un ragazzo e una ragazza che, dopo aver ascoltato quello che gli era successo il giorno prima, erano andati a cercarlo, preoccupati di quello che potesse accadere e che in effetti accade.

Sono Roberto Restelli e Paola Dall'Ara.

Sentiamo ancora Spagnolo:

> Esco dallo stanzino davvero a pezzi, fisicamente e psicologicamente. A fare la guardia ancora due compagni e poi, un po' più distanti, riconosco Roberto e Paola che erano venuti a cercarmi. Avevano chiesto ai «guardiani» se io fossi dentro, gli avevano risposto: «Sì, è qui ma non potete entrare», così avevano deciso di aspettarmi, sempre più preoccupati. Ave-

vano preso le mie cose e la mia cartella per riconsegnarmele. Mi vedono uscire pesto e sanguinante. Mi accompagnano a casa.
Vivo il pomeriggio peggiore della mia vita. Mi sento perso e soprattutto la cosa che mi fa più male è l'imposizione di lasciare la scuola a fine anno. Per me la cosa più brutta era proprio questa. Perdere i miei amici, perché io stavo bene al Parini, ero felice in quella classe, eravamo una famiglia. In casa non potevo neanche lamentarmi o sfogarmi troppo perché mio padre aveva l'Alzheimer, stava morendo.

Il giorno dopo Spagnolo torna a scuola:

La mattina dopo vado da Arianna, mia compagna di classe, molto di sinistra ma anche molto mia amica, e le dico: «Procurami un incontro con questi». L'incontro avviene nei bagni del terzo piano, vicino alla mia classe, si presentano due di quelli che il giorno prima mi avevano processato. Io entro e loro mi aspettano appoggiati sul bordo dei lavandini. Gli dico: «Guardate, ho mio padre che sta morendo, mollo tutto, smetto con la politica ma lasciatemi in pace». Mi rispondono: «A noi non ce ne frega un cazzo che tuo padre sta morendo», e di nuovo altri schiaffi e altri calci. Insistono: «Tu ora ci dici tutto, ci fai i nomi e poi da domani non ti fai più vedere a scuola». È stato un tracollo per me. I miei amici, sempre Roberto e Paola, mi riaccompagnano di nuovo a casa. In quel pomeriggio non vedo via d'uscita e per la prima e unica volta penso davvero di uccidermi e lanciarmi nel vuoto da una finestra. Ancora adesso, dopo tanti anni, ripensandoci, rivivo quel dolore e quella sofferenza.

Il giorno successivo Sergio decide di avvisare il Movimento sociale e dà appuntamento al segretario del Fronte della Gioventù di Milano, Riccardo De Corato, in campo neutro, proprio a casa di Paola.

Sentiamolo:

Decido di informare il Fronte. Lo dico a De Corato, che vedo a casa di Paola. Lui dice: «Va fatta una denuncia pubblica, politica di questa grave e duplice aggressione. Dobbiamo raccontarla intanto dai microfoni di Radio University» [la radio di destra di Milano, *N.d.A.*). La madre di Paola lo rimprovera pesantemente: «Voi siete degli stronzi, mandate i giovani allo sbaraglio, fare rompere le teste ai ragazzini di 16 anni». La interrompo chiedendole cortesemente di non intromettersi.

Ho rintracciato telefonicamente Paola Dall'Ara il 9 dicembre 2023.

Ecco il suo ricordo:

Abbiamo organizzato questo incontro, voluto da Sergio e per farlo abbiamo scelto un ambiente neutro, quello di casa nostra. È venuta questa persona del partito alla quale Sergio ha raccontato tutto. Mia madre era molto perplessa verso quanto stava accadendo. Ma il dirigente politico ha tranquillizzato Sergio, dicendogli che il partito avrebbe cercato di risolvere la vicenda. Ricordo ancora oggi questo incontro nel salottino di casa, con Sergio che era davvero terrorizzato. Si affacciava di continuo alla finestra, noi abitavamo al terzo piano e avevamo proprio di fronte lo Schiapparelli, un piccolo teatro, e guardava da dietro al vetro. Aveva paura che arrivasse qualcuno, che lo avessero seguito e che lo aspettassero di sotto.

Ho contattato via mail anche l'altro «nero» finito nel mirino della cellula rossa del Parini: Stefano Passaquindici, oggi giornalista e firma del *Giornale*.

Ecco cosa mi ha scritto:

Sergio e io eravamo insieme al Parini. Io in quarta ginnasio, lui già al liceo. A scuola c'era qualche altro militante e al

massimo una decina di simpatizzanti di destra. Come saprà bene, il Parini era ed è il liceo della Milano al caviale e alcuni militanti di estrema sinistra arrivavano a scuola con l'eskimo e *Lotta Continua* in tasca, ma accompagnati dall'autista di famiglia con la Mercedes. Faceva molto figo essere di sinistra. Purtroppo alcune di queste persone erano dei veri criminali e, soprattutto, avevano molti contatti con Lotta Continua e Avanguardia Operaia. Sergio e io non potevamo ovviamente fare alcun tipo di attività politica a scuola: non potevamo parlare in assemblea, non potevamo volantinare e neppure attaccare un manifesto. Nulla di nulla. La nostra attività la facevamo in via Mancini e comunque fuori dal Parini.
Un giorno di marzo del 1979 ricevo una sua telefonata. Con voce tremante mi chiede di vederci subito. Mi precipito da lui, che mi racconta di essere stato aggredito per strada da alcuni compagni più grandi, forse universitari, malmenato e derubato del portafogli e dell'agendina telefonica. Mi dice di avere paura e di aver deciso di sospendere l'attività politica perché vuole finire il liceo senza avere altri guai.

Nei giorni successivi Sergio non andrà più a scuola, ma nel frattempo la madre ha denunciato alla polizia le due aggressioni subite dal figlio, anche se contro ignoti, perché Sergio, pur conoscendo i suoi «giudici» dentro il Parini, ha deciso di non fare nomi.

Ma il giovane va dal preside e racconta l'accaduto.

Il professore allora apre una inchiesta interna, che individuerà tutti i protagonisti del «processo» dentro la scuola (mentre gli autori del primo episodio non saranno mai identificati), grazie alle testimonianze dettagliate dei suoi inseparabili amici e compagni di classe della 1ªC, Roberto e Paola, che il 16 marzo raccontano tutto al preside e al vicepreside.

Anche qui ci vengono in soccorso i verbali dell'inchiesta avviata dal preside dell'epoca, professor Bernardino Ferrari.

I dirigenti scolastici decidono di convocare i sequestratori di Sergio, che minimizzano, smentiscono, negano.

B., uno dei capi del collettivo di Democrazia Proletaria del Parini, dice: «Io di schiaffi non ne ho visti e non ne ho dati, ma non ho difficoltà ad ammettere il gesto politico dell'intimidazione al fascista».

R: «Abbiamo fatto solo domande e ricevuto risposte».

Un po' meno reticente un altro degli inquisitori e aggressori di Sergio, C., che dice: «È stato un litigio, non un pestaggio. È solo volata qualche sberla. È stata un'azione politica».

Ma mentre l'inchiesta scolastica è in corso, i collettivi di estrema sinistra della scuola, seguendo un protocollo ormai consolidato, spingono sull'acceleratore.

Pubblicano davanti all'ingresso della palestra un tazebao con la fotocopia della tessera del Fronte della Gioventù di Spagnolo (quella sequestrata nella prima aggressione per strada del 13 marzo) e convocano un'assemblea scolastica.

L'obiettivo, dichiarato, è il solito: avere il via libera dagli studenti alla cacciata di Spagnolo dal Parini.

Mentre Sergio resta a casa, ancora sotto choc per l'accaduto, l'assemblea si anima.

Sono le 9.30 di sabato 17 marzo.

L'aula magna è affollata, ci sono studenti interni al Parini, esterni e anche professori e genitori.

Sentiamo ancora il ricordo di Paola Dall'Ara:

> Ricordo di essere intervenuta in assemblea in difesa di Sergio. Ma non molto altro. Però ho chiesto a un'altra nostra compagna di classe, Ilaria, se le venisse in mente qualcosa in più. E delle cose sono venute fuori. Lei ricorda un intervento molto accalorato di mia madre, che aveva rievocato l'esperienza dell'occupazione tedesca e della guerra. E aveva esortato i giovani a non cadere nella trappola dell'odio e dell'intolle-

ranza. Un intervento, ha aggiunto Ilaria, molto coraggioso. Ilaria era una militante dei giovani liberali, che aveva fatto volantinaggio contro l'aggressione avvenuta tempo prima nei confronti di Luca Asta, un militante liberale che era stato tenuto per i piedi a testa in giù sulla tromba delle scale e minacciato di essere lasciato cadere nel vuoto.

Interviene anche Umberto Gay, ex studente del Parini, tra i militanti più noti della sinistra rivoluzionaria milanese, poi fondatore di Radio Popolare, che a sua volta cercherà di gettare acqua sul fuoco.

Ho sentito telefonicamente un altro compagno di classe di Sergio, Corrado Bolognesi, anche lui, oggi, avvocato come Spagnolo:

> Io ero con lui sul tram, quando scese e poi fu aggredito il 13 marzo per strada, ma non riuscii a vedere nulla perché girò subito l'angolo. Cosa ricordo di quell'assemblea? L'intervento della madre di Paola che cercò di placare gli animi, raccontando della sua esperienza durante la guerra. Ricordo l'intervento di Simona Viola, all'epoca militante radicale, una ragazza che non aveva paura di niente e di nessuno. Anche lei contro la persecuzione nei confronti di Sergio. Quando doveva sostenere idee in contrasto con quelle dominanti, non aveva alcun timore a intervenire. Io, come la maggior parte degli studenti, non facevo attività politica. Ero genericamente di sinistra, poi avrei votato diverse volte Pci. Il clima dell'epoca era evidente: una minoranza violenta e intollerante di estrema sinistra che dettava le regole. Se la pensavi diversamente da loro, eri considerato automaticamente un fascista. Era gente non disponibile al confronto.

Tornando all'assemblea, incredibilmente, almeno per i promotori, la maggior parte degli interventi si schiera contro la discriminazione e la cacciata di Spagnolo dalla scuola.

Mettendo, di fatto, all'angolo i collettivi di estrema sinistra e costringendoli a una sonora marcia indietro.

Così, alla chetichella, qualcuno di loro stacca dal tazebao la fotocopia della tessera di Sergio e se la porta via.

Sentiamo di nuovo il diretto interessato:

> Qualche giorno dopo convocano un'assemblea. Fortuna volle che andassi d'accordo con tutti i miei compagni di classe, molto coraggiosi, ma anche altri ragazzi, mi difesero apertamente. Per la prima volta l'estrema sinistra viene sconfitta in un'assemblea al Parini.

Leggiamo ora la sentenza che riporta passaggi del suo interrogatorio davanti al giudice Salvini:

> Nei giorni seguenti non era andato a scuola, gli avevano però raccontato che era apparso un cartello che lo accusava di cose mai fatte e che riportava, forse in fotocopia, la sua tessera del Fronte della Gioventù (si tratta certamente del documento costituente il reperto 578 sul quale compaiono ancora le graffette metalliche verosimilmente usate per spillarlo al manifesto).

Eh sì, proprio la stessa fotocopia rinvenuta nell'archivio della polizia parallela di Avanguardia Operaia.

Proseguiamo nella lettura:

> Nell'assemblea che ne seguì, tuttavia, l'estrema sinistra che pure aveva proposto la sua espulsione dalla scuola, era stata messa per la prima volta in minoranza.

Questa assemblea, alla fine, si rivela un boomerang.

E testimonia di quanto il clima del tempo sia cambiato rispetto al 1975, ad esempio.

Esiste ancora il predominio dell'estrema sinistra nelle

scuole e nelle università, ma è cambiato il contesto generale e certe cose che prima venivano, se non appoggiate, almeno tollerate, ora vengono pubblicamente respinte.

A confermare il cambio di *mood*, di lì a qualche giorno, arriva un editoriale, sulla prima pagina del *Corriere della Sera*, di un ex pariniano illustre, Walter Tobagi, dal titolo «Al Parini picchiano un fascista. I ragazzi si chiedono: è un reato?».

Leggiamone alcuni passaggi:

> Per un ex pariniano, uscito dal glorioso liceo alla metà degli anni Sessanta, è una storia triste. Eravamo abituati a pensare che violenza e intimidazione fossero sinonimo di fascista. Adesso si deve leggere la cronaca di un episodio opposto, avvenuto proprio al Parini: un ragazzo di 16 anni, iscritto al Fronte della Gioventù, un'organizzazione fiancheggiatrice del Msi, viene rinchiuso in uno stanzino del pianterreno con sei studenti di ultrasinistra. I quali inscenano una sorta di «processo»: secondo una versione corrente tra gli studenti lo prendono a schiaffi, secondo un'altra versione, avallata dai gruppi dall'ultrasinistra, «non lo picchiano, ma lo intimidiscono». Differenza sottile, quasi che l'intimidazione potesse considerarsi un modo corretto e leale di far politica.
>
> In ogni caso, il fattaccio suscita discussioni tra i ragazzi. Colpisce che la tessera del Fronte della Gioventù, sottratta al neofascista, venga esposta nell'atrio come un assurdo trofeo. Risultato, si svolge un'assemblea con la partecipazione di 300 studenti (su 1.200 iscritti) e la maggioranza approva una mozione che denuncia e condanna l'episodio di violenza. A favore del documento sono radicalsocialisti, comunisti, repubblicani e socialdemocratici. Contro si schierano quelli di Democrazia Proletaria e Lotta Continua. «È la prima mozione che perdiamo da anni» confessa amaro uno dei leaderini dell'ultrasinistra pariniana, guardando due grandi scritte che campeggiano sulla facciata del liceo: «Fasci del Parini, vi conosciamo tutti, attenti»; «Fuori i fasci dal Parini».

Poi il ricordo di un altro Parini e di un altro clima:

> Nel liceo che avevamo conosciuto all'inizio degli anni Sessanta, le cose andavano diversamente. Ci furono proteste solenni e grandi manifestazioni quando i neonazisti di Giovane Europa, capeggiati da Gianluigi Radice, picchiarono – maggio 1960 nell'atrio della scuola – il ginnasiale Enrico Finzi, ora dirigente di un grande gruppo industriale. Un altro pariniano di quegli anni, Vittorio Zucconi, ricorda che «essere antifascista era molto facile perché la violenza era tutta e solo fascista. Discutevamo ancora intensamente di Auschwitz coi compagni israeliti, di Stalin coi comunisti, di Resistenza e di guerra». Forse vivevamo una condizione umana più facile. «La tolleranza e la pace ci sembravano conquiste, segni distintivi dell'intelligenza e della democrazia.» E i fascisti venivano isolati così, quando ci dicevamo: «La storia li ha già condannati proprio per questo, perché picchiano i più deboli, i diversi da loro, perché non sanno parlare». Su questi principi di tolleranza, bene o male, si è formata una generazione, quella che è passata alle cronache per l'assurdo processo della *Zanzara*. Poi, evidentemente, neppure le vecchie aule del Parini sono sfuggite al clima dei tempi più aspri.

Tobagi cita poi due grandi padri dell'antifascismo, Arturo Carlo Jemolo e Norberto Bobbio, a proposito del fatto che l'antifascismo e la democrazia sono antitetici per definizione alla violenza e alla intolleranza. Conclude l'ex studente:

> Anche di questo vorremmo si ricordassero i ragazzi che oggi frequentano il Parini, a cominciare da quelli che hanno partecipato all'assurdo processo. Un errore è comprensibile e perfino giustificabile, purché non si dimentichi che la democrazia non si costruisce e non si difende dando qualche lezione, ma praticando ogni giorno la coerenza e la tolleranza, nelle parole e nei comportamenti.

L'editoriale di Tobagi sul *Corriere* non è l'unico.

Denunciano la vicenda il *Secolo d'Italia*, a firma di Flavia Perina, il *Giornale nuovo* e *La Notte*. Leggiamo proprio un articolo di quest'ultimo quotidiano, di tendenza conservatrice, pubblicato il 24 marzo:

> Una parte dei genitori di studenti del liceo Parini sta assumendo posizioni critiche nei confronti delle autorità scolastiche dell'Istituto. Delusi, perché il Consiglio d'Istituto che si è riunito l'altroieri non ha assolutamente affrontato l'episodio di violenza politica accaduto al Parini la settimana scorsa. I genitori ritengono insoddisfacente anche l'atteggiamento in proposito del preside.
> Qualche giorno fa uno studente di 16 anni, Sergio S., è stato aggredito a due riprese, una volta per strada e il giorno dopo a scuola, perché iscritto al Fronte della Gioventù, anche se per nulla attivista.
> La seconda volta, l'aggressione a scuola, gli estremisti che lo hanno picchiato erano studenti del Parini e nel corso di un'assemblea studentesca convocata sabato scorso si sarebbero compiaciuti del loro operato, prospettando l'eventualità di colpire anche altri studenti. L'assemblea, a maggioranza, ha tuttavia deprecato l'accaduto. Poi, come denuncia qualche genitore, sul tutto è caduto un velo di silenzio.

Non è proprio così, perché l'inchiesta interna, avviata dalle denunce di Roberto e Paola nelle loro testimonianze ai vertici scolastici del 16 marzo, prosegue.

Dopo aver sentito, oltre agli accusati, anche altri studenti del Parini, la giunta esecutiva dell'istituto convoca i consigli delle tre classi coinvolte.

Ecco il verbale di quella che, più di una discussione, di fatto è una vera e propria camera di consiglio per stabilire se e come sanzionare l'episodio.

Sono le 12.15 del 24 marzo 1979.

Prof. Stefanoni: il preside ha parlato di una linea ispirata a cautela, per tutelare Spagnolo e gli altri e non fare esplodere la scuola. Questa linea è comprensibile per alcuni ma non per altri. Giovedì 15 si è presentata nella scuola, al termine del collegio dei docenti allargato anche ai genitori, la signora Dall'Ara [la madre di Paola, *N.d.A.*] dicendo che, se non si prendevano decisioni, avrebbero denunciato la cosa all'opinione pubblica. È stata invitata alla cautela, ma la stampa, comunque, è stata informata. L'altroieri c'era un articolo in prima pagina sul *Corriere della Sera*.
Preside: È chiaro che i fatti sono tanto di pubblico dominio che questa mattina per due ore in presidenza c'è stato un brigadiere dei carabinieri.
Prof. Negri: Pierpaoli [altro genitore, *N.d.A.*] al telefono mi ha chiesto: «Ma come, la scuola non ha fatto niente?» Il dottor Pierpaoli propone che la scuola garantisca che i ragazzi non continuino più in questo comportamento. Da parte loro i genitori faranno in modo che il fatto non esca dalla scuola. Ma non so come Pierpaoli possa farsi garante anche degli altri genitori.
Prof. Stefanoni: C'era qui fuori una giornalista della *Notte*. Oggi finiremo sulla stampa.
Prof. Merenda: Giovedì mattina, in 3ªE abbiamo letto ad alta voce l'articolo del *Corriere*. B. e R. hanno ammesso di aver partecipato all'episodio escludendo che ci fosse un'aggressione o un sequestro di persona. La cosa ormai è talmente divulgata che un atteggiamento di cautela non può più esserci. Da questa nostra discussione di giovedì mattina è risultato che i ragazzi sono convinti che vi siano a scuola altri 10 fascisti e li vogliono perseguire tutti.
Preside: L'altra iniziativa grave è che la tessera che hanno avuto tra le mani l'hanno esposta in corridoio assieme a un tazebao.
Prof. Montemurro: Se hanno avuto la tessera, sono complici dell'aggressione del giorno prima.
Prof. Stefanoni: Discutiamo solo di ciò che è di nostra competenza.

Prof. Boesi: Chiedo che si ribadisca che nella scuola tutti hanno il potere di manifestare il loro atteggiamento politico, dal Pci al Msi.
Prof. Stefanoni: La Giunta dovrà prendere posizioni sentendo i Consigli di classe e io vorrei che si esprimessero, non che si facesse una conversazione salottiera. Questa faccenda, che è di natura politica, avrà conseguenze di natura politica. La giunta dovrà prendere provvedimenti verso delle persone. Non fare ammonizioni o prediche. Abbiamo testimonianze indirette. Dobbiamo decidere in base a esse.
Prof. Merenda: Un dato di fatto sono i nomi che abbiamo. Nessuno dei cinque ha smentito la partecipazione. Il solo fatto di avere un programma di intimidazione è censurabile. La scuola come tale deve punire una situazione del genere.
Catanese: C'è stato sequestro di persona?
Preside: Il ragazzo è andato giù spontaneamente. Il sequestro non c'è stato.
Catanese: Secondo punto: è stato percosso nella scuola o fuori?
Preside: Terzo punto: come sono venuti in possesso di quella tessera?
Mutinelli: B. mi ha spiegato i fatti. La tessera l'hanno portata qui al quartiere Garibaldi, e in qualche modo è arrivata nelle loro mani.
Preside: Chi ha esposto questa tessera? Non si sa. La questione della tessera può andare dalla rapina alla ricettazione. Poi c'è da ricordare la presenza di questo ex alunno nella scuola: aggressione premeditata. Poi: sono cinque. Li valutiamo globalmente o individualmente? Fate delle proposte.
Catanese: Partiamo dal presupposto che non c'è stato sequestro. Che è incerto se le percosse sono state date nella scuola, che è incerto il collegamento con l'esterno.
Prof. Merenda: Non è questo. Si tratta di far sentire loro tutta la riprovazione della scuola per questo atto di violenza. Il nostro atto deve avere un valore esemplare.
Prof. Negri: Dobbiamo condannare il comportamento, non entrare nei particolari del diritto penale che non ci toccano.

Preside: Ci troviamo di fronte a un doppio binario. Da un lato ci è stata consigliata moderazione, dall'altro c'è qui chi moderazione non vuole.
Prof. Stefanoni: Riassumo quanto s'è detto. Sulla base delle deposizioni, possiamo addebitare agli alunni accusati solo l'intimidazione. Diamo una sospensione che affermi un principio, ma che sia dichiaratamente simbolica rispetto alla gravità del fatto. Come si tradurrà questo simbolo, lo decideremo poi.
Prof. Merenda: Non sono d'accordo sul termine simbolico.
Prof. Stefanoni: Chiedo una verifica sulla condanna per intimidazione.
Preside: Intimidazione e poi vediamo di concordare le posizioni. Tiriamo fuori dei giorni di sospensione.
Prof. Merenda: Cinque giorni.
Prof. Cesco: A Natale, di fronte a una goliardia abbiamo preso posizioni più severe.
Il preside propone sei giorni. I Consigli sono d'accordo.
Cristel: Se Spagnolo fosse stato proprio pulito, sarebbe andato subito dal preside.
Cardoso: Oltre all'intimidazione palese, c'è stata anche una intimidazione nascosta. Questo è grave. Dovrebbe essere fatto anche un discorso generale. E cioè che esistono intimidazioni più occulte, come quella che Spagnolo, indirettamente, ha operato *(sic)* e che anche in base a queste bisogna valutare.
Preside: Chiarisco, perché richiesto, che la sospensione non comporta necessariamente incidenze sulla condotta.
Il preside invita a estendere una mozione rivolta a tutta la Giunta.
Si conclude leggendo la mozione.
Si chiude alle 14.

Dopo meno di due ore di «camera di consiglio», la sanzione è decisa: sei giorni di sospensione.

Ma non è finita qui.

Il 3 aprile la Giunta esecutiva del liceo ufficializza le proprie decisioni sulla vicenda, confermando i sei giorni di sospensione per i cinque aggressori di Spagnolo, tuttavia «in considerazione del particolare momento dell'anno scolastico, con la prospettiva della probabile chiusura anticipata delle scuole (a causa del doppio appuntamento elettorale: europee e politiche, *N.d.A.*), concede agli alunni stessi di frequentare le lezioni».

Insomma, sei giorni di sospensione con la «condizionale».

Decisione che verrà comunque contestata da professori e genitori di sinistra, compresi quelli dei cinque coinvolti, che raccoglieranno decine di firme a sostegno di un appello in cui si afferma che la Procura non ha ravvisato alcun reato in quanto è accaduto e che quindi le sospensioni sono un «sopruso dal punto di vista giuridico e politico».

Nel frattempo Sergio torna a scuola. Leggiamo ancora la sentenza:

> Tornato a scuola il 20 marzo e constatato il mutato atteggiamento di B. e degli altri, Spagnolo si era accordato per dimenticare l'accaduto e aveva chiesto loro la restituzione della tessera, cosa promessa e mai peraltro avvenuta.

Ma anni dopo, come abbiamo visto, il ritrovamento della tessera nell'abbaino di viale Bligny riaccenderà i riflettori su questa vicenda, con la riapertura di un'indagine da parte della Procura, istruita dal giudice Salvini, che la seguirà personalmente.

Sentiamo ancora cosa ricorda Spagnolo:

> Nel frattempo ero diventato un dirigente del Fronte della Gioventù e mi arriva una convocazione del giudice Salvini. Penso: «Qualcuno dei nostri ragazzi avrà fatto qualche cazzata». Mi presento al settimo piano, in tribunale, mi fa accomodare e mi dice: «Senta, abbiamo trovato una scheda contro di lei in un

covo dell'ultrasinistra in viale Bligny e anche la sua tessera del Fronte della Gioventù». Poi aggiunge: «So che lei a suo tempo non volle confermare alla polizia i nomi dei suoi aggressori. Io però vorrei invitarla a ripensarci. Lei è stato fortunatissimo. Ramelli sappiamo tutti come è finito. L'assalto a largo Porto di Classe se lo ricorda, immagino. C'è gente che è finita per sempre su una sedia a rotelle».

E mi fa vedere anche una serie di foto in cui ero ritratto. «Questi» mi dice «avevano un servizio di intelligence più efficiente della Digos. Avevano un furgone azzurro con i vetri oscurati con il quale pedinavano le persone e le fotografavano. Lei lo sa che abbiamo ritrovato tutte le sue foto di quando andava e usciva dalle lezioni di inglese alla British School? Hanno raccolto foto e dati anche sui suoi amici e sulla sua fidanzata. Sono cose molto gravi.»

Io comincio a tremare perché mi si riapre tutto dentro e dico: «Va bene, faccio i nomi». Salvo solo il milanista che faceva la guardia davanti allo stanzino: anche lui ora fa l'avvocato, come me. Salvini mi dice: «Ora le chiedo un ultimo sforzo. Abbiamo arrestato stamattina uno dei suoi aggressori, R.,» (lo chiamavamo Rocky a scuola, uno dei capetti di Lotta Continua) «lui però nega tutto. Vorremmo fargli fare un confronto con lei». Ci metto tre ore per calmarmi, mi torna subito tutto. Il dolore, la paura, l'angoscia di quei giorni, poi mio padre che era morto. Una serie di sensazioni fortissime. Mi calmo e dico: «Ok, facciamo questo confronto». R. entra e mi fa: «Ciao, Sergio, sono venuti stamattina a prendermi, mia madre è sconvolta». E io dentro di me: «Pensa quanto è stata sconvolta mia madre quando mi avete aggredito, processato, minacciato e picchiato a scuola...» Ma gli dico: «Ora però devi raccontare la verità». E lui racconta tutto.

Si arriva al dibattimento.

Io vengo citato come persona offesa e chiamano i miei compagni di classe come testimoni. Ma io ormai sono, anche psicologicamente, fuori dalla logica della contrapposizione e della guerra destra-sinistra. Di lì a poco, con altri amici del Fronte, usciremo dal Msi ed entreremo nei Verdi, insomma sto già oltre. E così scrivo una lettera alla Corte, una lettera accorata. Tenga presente che non navigavamo in buone acque dal punto di vista economico. Mio padre era morto, non mi ero ancora laureato, quindi costituendomi parte civile avrei preso un bel po' di soldi che mi avrebbero fatto comodo. Comunque nella lettera spiego perché rinuncio a costituirmi parte civile, anche per rispetto di tutti quei giovani, di destra e di sinistra, che sono morti negli anni Settanta, e dico: «Basta, rompiamo questa catena di vendette e ritorsioni continue». Ricordo che il presidente della Corte d'Assise lesse la mia lettera in aula e, alla fine, disse: «Questo dovrebbe sempre essere il modo corretto di comportarsi, non così» e tirò fuori una Hazet 36 mostrandola a tutti.

La Corte mostrerà di apprezzare «l'atteggiamento processuale della parte lesa che, nel chiedere chiarezza perché non si ripetano gli errori passati, ha auspicato peraltro la clemenza della Corte nei confronti dei responsabili dell'aggressione».

Ma la reazione degli aggressori, almeno nella percezione di Spagnolo, non sarà particolarmente benevola:

Qualche udienza dopo quella in cui il presidente aveva letto la mia lettera, mi presento in aula accompagnato dai miei amici e fuori dal Tribunale incrocio gli indagati. La cosa che mi colpì fu che non solo non mi ringraziarono per la lettera, ma nemmeno mi sorrisero. Anzi, i loro sguardi trasmettevano odio, esattamente come quel giorno del 1979.

Alla fine gli indagati saranno riconosciuti colpevoli di diversi reati, dalla violenza privata alla ricettazione, in alcuni casi prescritti, in altri no e verranno condannati a pene lievi, sospese con la condizionale.

Anche se le conclusioni morali e politiche della Corte d'Assise saranno definitive:

Traspare ancora oggi dalle parole degli imputati lo stupore per l'esercizio dell'azione penale a proposito di un fatto che allora e forse tuttora appare, se non legittimo, legittimato secondo una prospettiva ribaltata che, in quegli anni, induceva a chiamare «verifiche» le aggressioni, «perquisizioni» le rapine dei documenti, «espropri proletari» le rapine di massa, «autoriduzioni» il danneggiamento sistematico delle macchinette obliteratrici, che riteneva giusto e legittimo mettere all'indice uno studente sedicenne ed espellerlo da una scuola pubblica, senz'altro addebito che le sue idee politiche.

Questa storia avrà una sua breve coda finale negli anni a venire.

Sentiamo ancora Spagnolo:

Cinque o sei anni fa, mi chiama un collega avvocato e mi dice che il dottor M. (il più cattivo di tutti i miei aggressori, quello che veniva dal Manzoni, che nel frattempo era diventato medico) ha qualcosa che gli è rimasto nella sua fedina penale, in seguito alla condanna per l'aggressione, che gli potrebbe creare problemi nella sua carriera professionale (immagino in una struttura ospedaliera pubblica) e avrebbe bisogno di una mia lettera di riabilitazione. Io rispondo: «Ci mancherebbe, la scrivo subito, non c'è problema». Anche se poi, ripensandoci, mi ha lasciato un po' d'amaro in bocca il fatto che non mi abbia chiamato direttamente lui per dirmi: «Mi dispiace davvero tanto per quello che ti abbiamo fatto».
Invece tempo fa ho conosciuto il fratello di un altro mio aggressore, che era uno dei capetti di Lotta Continua, è diventato direttore generale della Walt Disney Italia. Ci siamo presi in simpatia e per Natale mi ha mandato gli auguri scrivendomi: «Separati una volta, uniti adesso dalla professionalità». Mi ha fatto molto piacere.

11

Mezzo secolo di divisioni e polemiche

Il 29 aprile è un brutto giorno per Milano.

Soprattutto per una certa Milano: la Milano di destra (per chi ne fa parte), la Milano nera e neofascista (per chi vi si contrappone).

Resta il fatto che questa data segni una triplice ricorrenza, ricordata annualmente con cortei, saluti romani, polemiche e accuse reciproche.

Ma andiamo con ordine.

La ricorrenza principale resta quella del 29 aprile 1975, giorno in cui, come abbiamo visto, si spense, al reparto Beretta del Policlinico, Sergio Ramelli, dopo 47 giorni di ricovero e di speranza.

Il 29 aprile dell'anno successivo fu ucciso, abbiamo raccontato anche questo, Enrico Pedenovi, avvocato e consigliere provinciale missino.

Lo stesso giorno del 1945 veniva uccisa in città un'altra persona.

Si chiamava Carlo Borsani, non aveva ancora compiuto 28 anni.

Figlio di genitori poverissimi, aveva studiato dai preti ed era riuscito a laurearsi.

Ma la sua laurea coincide con lo scoppio della guerra.

A fine 1938, studente universitario, viene chiamato al

corso allievi ufficiali di complemento di Salerno (come accadeva per tutti, ai tempi).

Ne esce il 12 marzo successivo con il grado di sottotenente di Fanteria.

E con il suo reparto parteciperà a tutte le campagne dell'Esercito fin dal giugno 1940, data dell'entrata in guerra dell'Italia.

Prima la campagna di Francia, poi la dura e sanguinosa campagna di Grecia e Albania.

E proprio durante questi combattimenti viene gravemente ferito alla testa, il 9 marzo 1941. Si salva ma resterà completamente cieco.

Dichiarato grande invalido di guerra, ottiene prima una medaglia d'argento e poi una d'oro al valor militare.

Ma non si dà per vinto.

Si dedica, nonostante la cecità, alla poesia e al giornalismo.

Pubblica una serie di poesie con Garzanti e dopo l'8 settembre 1943 aderisce alla Repubblica Sociale, dove Mussolini lo nomina prima presidente dell'Associazione Nazionale Invalidi di guerra e poi direttore de *La Repubblica Fascista*, un nuovo quotidiano.

Da queste colonne, Borsani lancerà molti appelli alla pacificazione nazionale, guadagnandosi l'odio dell'ala dura del partito.

Salverà anche le vite di ebrei e partigiani, sempre nel nome della fratellanza e dell'amore tra connazionali.

Il 10 luglio 1944 la fa grossa. Pubblica un editoriale dal titolo «Per incontrarci», in cui spinge sull'acceleratore del dialogo con la Resistenza e gli antifascisti.

Sarà il suo ultimo giorno da direttore, perché il Duce, sotto pressione degli ultrà guidati da Alessandro Pavolini, lo sostituirà qualche ora dopo.

Continuerà a battersi per ciò in cui crede, fino alla fucilazione di Mussolini e degli altri gerarchi.

In quei giorni viene catturato a sua volta da partigiani comunisti, che prima lo portano in una scuola di viale Romagna, poi lo spostano in piazzale Susa e gli sparano in testa.

Il suo corpo verrà portato in giro per le «zone rosse» della città (di nuovo l'Ortica e Città Studi, *N.d.A.*) con vicino un cartello dileggiatorio: «ex medaglia d'oro».

Molti anni dopo, un comitato nato nel suo ricordo, chiederà di dedicargli un albero nel «Giardino dei giusti». Gabriele Nissim, intellettuale milanese di origine ebraica, presidente di Gariwo, la foresta dei giusti che in tutto il mondo cerca i giusti di tutti i genocidi, risponderà così alla richiesta (anche se poi, per le polemiche che ne scaturirono, l'iniziativa non andò in porto): «Non mi sottraggo. Il merito di una persona che ha agito indipendentemente dal proprio credo politico va riconosciuto. Io credo che a San Siro si possa piantare un albero per ricordare il "fascista" Carlo Borsani. Perché i buoni non stanno da una parte sola e chi non lo riconosce è solo accecato dall'ideologia».

Insomma, è Carlo Borsani il terzo dei commemorati il 29 aprile dalla destra milanese, che si raduna davanti al muro con la scritta «Ciao Sergio», esattamente dove fu aggredito e ucciso.

Ma anche questa cerimonia ha finito per dividere e alimentare odi e risentimenti.

Perché negli anni, soprattutto dopo il congresso di Fiuggi del 1995 (in cui è stato sciolto il Movimento sociale italiano), eventi simili sono stati sempre più gestiti e organizzati da gruppi estremisti.

Sono due le commemorazioni in cui esplodono annualmente le stesse polemiche e le stesse contestazioni.

Quella di Roma del 7 gennaio, in cui si ricorda l'uccisione dei militanti missini Franco Bigonzetti, Francesco Ciavatta e Stefano Recchioni, presso la sezione di via Acca Larenzia. I primi due ammazzati in un agguato di terroristi rossi, a colpi di pistola e di mitraglietta davanti all'ingresso della sezione, e il terzo ucciso dai proiettili di un carabiniere negli scontri che ne seguirono tra giovani missini e forze dell'ordine.

E quella, appunto, delle tre morti del 29 aprile, il cui simbolo, ovviamente, è Sergio Ramelli.

In entrambi i casi, a partire dal 1995-96, a promuovere i cortei, che si concludono con l'inquadramento in stile militare davanti al punto dove sono stati uccisi questi giovani e con l'appello dei loro nomi, per tre volte, ai quali per tre volte i convenuti rispondono urlando «presente» con il braccio teso nel saluto romano, sono gruppi come Casa-Pound e Forza Nuova a Roma, gli stessi più Lealtà Azione e Rete dei Patrioti a Milano.

E, contemporaneamente, i centri sociali e gruppi di anarchici e di antagonisti si radunano nel punto in cui fu ucciso negli stessi giorni lo studente antifascista Gaetano Amoroso. È successo così anche il 29 aprile 2024.

Anche se le polemiche e gli scontri più duri c'erano stati l'anno prima, perché si trattava della prima commemorazione di Ramelli con un governo presieduto dalla leader della destra postmissina italiana.

E Paola Frassinetti, che ogni anno ha sempre partecipato a questa commemorazione davanti al Molinari, in quell'occasione lo ha fatto da sottosegretario all'Istruzione.

Insieme a lei, nel nome del superamento degli odi ideologici e della condanna unanime della violenza politica, anche Bruno Tinelli, fratello di Fausto, il militante del centro sociale Leoncavallo che la sera del 18 marzo 1978 fu ucciso a colpi di pistola insieme a Lorenzo «Iaio» Iannucci. Ma questa presenza non era bastata a placare gli animi.

Perché, ad aspettare la Frassinetti, separati da un cordone di forze dell'ordine, c'erano anche una cinquantina di militanti dei sindacati Adl Cobas e Usb, oltre a esponenti della Rete Milano Antifascista Antirazzista Meticcia e Solidale.

All'arrivo di Frassinetti sono partiti insulti e urla, tra i quali: «Vergogna, Sergio Ramelli era un picchiatore fascista *(sic)*».

Contestato anche il preside dell'istituto, Davide Bonetti, perché aveva fatto solo il suo dovere e cioè preannunciare via mail a professori e genitori la presenza quella mattina del sottosegretario.

Sentiamo Paola Frassinetti:

> Sono stata assessore alla Provincia Metropolitana di Milano, che aveva competenza sulle scuole. Poi sono stata tante volte al Molinari come assessore anche comunale, con me tanti esponenti e anche deputati del Pds e poi del Pd, e nessuno ci aveva mai contestato. Per questo mi sono stupita del casino scoppiato nel 2023. Ma poi ho capito subito che era tutto strumentale perché alla guida del governo era arrivata Giorgia Meloni. In precedenza altre polemiche le ricordo quando, da assessore all'Istruzione del Comune, volevo dedicare l'auditorium del liceo Carducci a Sergio. Apriti cielo. Allora ho detto: «Ok, niente auditorium e non voglio che per questo scoppino altri scontri e disordini tra studenti». Così abbiamo proposto di affiggere una piccola targa nella scuola di Sergio, al Molinari, cosa che alla fine è stata fatta, anche se la targa è un po' nascosta in una sala al pianterreno e pure questo le assicuro che non è stato per niente facile.
>
> Devo dare atto al centrosinistra, ai tempi del governo Prodi, che durante l'istituzione della giornata del ricordo delle vittime del terrorismo, il 9 maggio, proposi alla Camera (ero diventa-

ta deputato nel frattempo) un ordine del giorno che inserisse anche l'omicidio Ramelli tra gli omicidi di terrorismo e questo ordine del giorno fu approvato anche con i loro voti. Ma io davvero resto basita quando ancora oggi certi esponenti politici utilizzano quei terribili fatti di tanti anni fa per fare polemica quotidiana e politica spicciola. Bisognerebbe trattare quelle vicende e quei fatti con grande prudenza e responsabilità.

Dicevamo dell'aumento di tensioni e polemiche in occasione della vittoria del centrodestra alle elezioni, ma soprattutto dell'affermazione di Fratelli d'Italia (che nel suo simbolo contiene ancora la fiamma tricolore che fu il simbolo dell'Msi) e dell'arrivo a Palazzo Chigi della sua leader, Giorgia Meloni.

Nata nel 1977, quando la stagione dei cucchini stava volgendo al termine e ne iniziava purtroppo un'altra, ancora più sanguinosa, quella degli agguati a colpi di pistola e di mitra, Meloni si presenta alla Camera il 25 ottobre 2022.

Da un mese il suo partito e la coalizione che la sostiene hanno vinto le elezioni politiche.

È stato formato il nuovo governo e sarà proprio lei a guidarlo.

Il suo discorso per chiedere la fiducia al Parlamento è atteso con curiosità e attenzione non solo in Italia, ma da tutti i circoli e le cancellerie occidentali.

Durerà un'ora e dieci minuti.

Intorno al minuto 53, dopo aver illustrato e anticipato le linee guida del nuovo governo, la neopremier affronta il tema che tutti attendono: rapporti suoi, del suo partito, del suo governo, con il fascismo.

E lo fa senza ambiguità.

Condanna tutte le dittature, «fascismo compreso», definisce le leggi razziali volute dal Duce nel 1938 «il punto più basso della storia italiana, una vergogna che segnerà il nostro popolo per sempre».

Poi ricorda che l'Italia non è l'unico Paese europeo ad aver vissuto una dittatura, anzi:

> I totalitarismi del Novecento hanno dilaniato l'intera Europa, non solo l'Italia, per più di mezzo secolo, in una successione di orrori che ha investito gran parte degli Stati europei. E l'orrore e i crimini, da chiunque vengano compiuti, non meritano giustificazioni di sorta e non si compensano con altri orrori e altri crimini. Nell'abisso non si pareggiano mai i conti, si precipita e basta.

E qui il riferimento anche alle dittature comuniste dell'Europa dell'Est è estremamente evidente. Poi continua:

> Ho conosciuto giovanissima il profumo della libertà, l'ansia per la verità storica e il rigetto per qualsiasi forma di sopruso o discriminazione, proprio militando nella destra democratica italiana. Una comunità di uomini e donne che ha sempre agito alla luce del sole, a pieno titolo nelle nostre istituzioni repubblicane, anche negli anni più bui della criminalizzazione e della violenza politica, quando nel nome dell'antifascismo militante, ragazzi innocenti venivano uccisi a colpi di chiave inglese. Quella lunga stagione di lutti ha perpetuato l'odio della guerra civile e allontanato una pacificazione nazionale che proprio la destra democratica italiana, più di ogni altro, da sempre auspica. Da allora, la comunità politica da cui provengo ha compiuto sempre passi in avanti, per una piena e consapevole storicizzazione del Novecento.

Evidente il riferimento di Giorgia Meloni proprio all'omicidio Ramelli, come simbolo di tante vittime innocenti della violenza politica di quegli anni e poi la sottolineatura dell'importanza di una pacificazione nazionale, che non può non passare per una condivisione della nostra memoria e del nostro passato, prossimo e remoto.

Una pacificazione e una condivisione della nostra memoria auspicate e chieste a gran forza anche da Ignazio La Russa che 12 giorni prima, il 13 ottobre, nel suo discorso di insediamento dopo essere stato eletto presidente del Senato, tornava a sua volta a parlare di Sergio Ramelli e delle vittime degli anni di piombo. Con queste parole:

> Non posso non ricordare la drammatica stagione della violenza e del terrorismo politico. E dei tanti ragazzi, di ogni colore, che hanno perso la vita solo perché credevano in alcune idee, in alcuni ideali. O a volte solo perché si trovavano nel posto sbagliato, al momento sbagliato. Studenti, servitori dello Stato, giornalisti, imprenditori, politici. Le loro storie rappresentano un portato che ancora oggi è e deve essere una stella polare. Per tutti noi.
> Di nomi ne potrei fare tanti. E dovrei forse farne tanti. Ma credo che quello del commissario Calabresi possa rappresentarli tutti, assieme, per restare nella mia Milano, a tre nomi di ragazzi: uno militante di destra, Sergio Ramelli, che ho conosciuto e di cui sono stato anche avvocato di parte civile, e due di sinistra, i cui assassini non sono mai stati trovati, Fausto e Iaio. Mi inchino anche davanti alla loro memoria. Credo che questi nomi possano rappresentare tutte le vittime di quegli anni.

Sulle responsabilità della politica, o almeno di certa politica, in quello che è accaduto, credo ci siano pochi dubbi.

Ne ho parlato con Valeria Fedeli. Ecco cosa ne pensa:

> Era possibile da parte di tutti contenere quella violenza? Dopo tanti anni le dico di sì. Noi giovani andavamo all'università, facevamo politica di strada, partecipavamo a conferenze e seminari, ma poi c'erano anche gli adulti, quelli delle generazioni precedenti. E molti di loro utilizzarono il movimento per

fare pressioni rispetto al contesto politico istituzionale dell'epoca. Ricordiamo che in quegli anni era in corso uno scontro forte tra nostalgici del fascismo e nostalgici della Resistenza, che chiedevano di non tradire quello spirito, che chiedevano di essere più fermi e intransigenti sul piano dell'antifascismo militante. E poi c'era una violenza cieca, bestiale, anche da parte dei gruppi fascisti. Questo non si può ignorare. Le aggressioni squadriste alle scuole, i pestaggi gratuiti ai compagni nelle zone limitrofe a San Babila. Per non parlare delle stragi. Tutto questo non fece che alimentare ancora di più l'intolleranza e lo scontro anche fisico. Certo, noi eravamo molto più numerosi di loro. Ed esercitavamo oggettivamente un vero e proprio dominio nelle piazze, nelle strade, nei cortei. E comunque, se devo essere sincera, non ricordo quegli anni con la nostalgia di chi pensa alla propria gioventù. Perché purtroppo la violenza ha ucciso e soffocato tutte le altre istanze, che pure esistevano ed erano importanti. Per fortuna, almeno nella mia esperienza sindacale a Milano, vanno ringraziati tutti i dirigenti della Cgil della città che, rifacendosi alla linea di Luciano Lama, grande comunista riformista, riuscirono a salvare centinaia di giovani, recuperandoli alla politica democratica e impedendo loro di fare il salto nella follia della lotta armata.

Ma torniamo alle polemiche sulle commemorazioni di Ramelli, ormai egemonizzate dai gruppi della destra radicale, e sentiamo di nuovo Ignazio La Russa:

Da molti anni ho preso le distanze da certe celebrazioni di Sergio. A un certo punto, impedisco ai ragazzi del Fronte della Gioventù di partecipare all'organizzazione: consento magari di andarci a chi vuole, ma di non far parte degli organizzatori delle celebrazioni del 29 aprile. Perché più passano gli anni e più si tende a rinchiudere Sergio in una bolla di estrema destra che è semplicemente una falsificazione storica. Mentre i primi anni l'abbiamo sempre gestita noi come Movimento sociale

italiano. Noi facevamo una targa, gli estremisti un'altra, ma esisteva comunque un comitato unitario che coordinava le varie iniziative. A un certo punto dico ai ragazzi: «Non dovete più organizzare così queste ricorrenze». E quindi, senza mai dare un divieto formale alla partecipazione, ma un divieto all'organizzazione sì. Negli anni poi è arrivato, non da parte mia, anche il divieto alla partecipazione. Ma la cosa importante da dire e far capire a tutti è che Sergio era un ragazzo del Fronte della Gioventù, io l'ho conosciuto e so come la pensava.
Non era un estremista, non era un extraparlamentare, come si diceva una volta.
Non era un violento.
Non era un picchiatore.
Non era uno che rifiutava il dialogo.
Era un anticomunista di destra.
Era un ragazzo di destra.
E così andrebbe ricordato. Per quello che è stato, non per quello che non è mai stato.

In Italia l'intolleranza e la violenza politica hanno caratterizzato tutti gli anni Settanta e i primi anni Ottanta.

Dalla strage di piazza Fontana allo smantellamento delle organizzazioni armate di sinistra e di destra sono trascorsi ben 13 anni.

13 anni di stragi, omicidi, ferimenti, mutilazioni, attentati dinamitardi, scontri, devastazioni. 13 anni di violenze fisiche e psicologiche, pubbliche e private.

Il clima da guerra fredda, la divisione dell'Europa in blocchi contrapposti, la vicinanza temporale con il fascismo e la guerra civile, le due paure uguali e contrarie del pericolo rosso e del golpe fascista spiegano, anche se non completamente, come sia stato possibile che in molte città del nostro Paese per molti, troppi anni, giovani e giovanissimi, provenienti da famiglie normali, figli di lavoratori, impiegati, operai, professionisti, siano stati protagonisti di atti di violenza politica, quando non di vero e proprio terrorismo.

Ma forse le responsabilità vanno ancora individuate fino in fondo, al di là di quelle strettamente politiche.

E andrebbero cercate a tutti i livelli.

Nelle famiglie, nella cultura, nel sindacato, nel giornalismo, nell'università, nella scuola, che, come abbiamo visto, riveste un ruolo centrale nella storia che abbiamo raccontato.

Perché solo se capiremo fino in fondo come sia potuto accadere quello che è accaduto, saremo certi che la stagione dell'intolleranza resterà soltanto un tragico ricordo nella storia di questo Paese.

E che non tornerà mai più.

Postfazione

di Guido Salvini, magistrato

Ricordo come fosse oggi quella notte dell'ottobre 1985 in cui io e i colleghi Maurizio Grigo e Maria Luisa Dameno conducemmo, dopo gli arresti, i primi interrogatori per l'omicidio Ramelli. Interrogatori decisivi, perché la solidarietà militante intorno agli imputati li avrebbe, se non avessero confessato subito, fatti "chiudere" in poche ore.

Ricordo bene le parole di uno di loro. Fu il primo a confessare. Era uno di quelli che, durante l'aggressione, avevano fatto da palo. Disse con voce rotta queste parole: «Io c'ero, però la scena non l'ho vista». Una sorta di presa di distanza emotiva.

In effetti, sangue e materia cerebrale di un ragazzo di 18 anni sul selciato sono una scena che ci si rifiuta di vedere e di ricordare.

Con la sentenza definitiva, i sette autori dell'aggressione, più la ragazza che aveva svolto i pedinamenti per individuare i movimenti di Sergio, furono tutti condannati per omicidio volontario. Riuscimmo a individuare tutti i responsabili. Due di loro, quando l'indagine era stata riaperta, erano già morti: uno in un incidente stradale e un altro suicida. Quest'ultimo, responsabile dell'intero servizio d'ordine di Città Studi, studente di Fisica e già studente del Molinari, quasi certamente aveva ricevuto dai «compagni» della sua ex scuola le indicazioni per decidere e preparare l'aggressione contro Ramelli.

Ora un ricordo personale. Sono stato studente al liceo Manzoni dal 1967 al 1972. Ricordo le prime assemblee. All'inizio era un vero movimento degli studenti che voleva cambiare i costumi e i modi di rapportarsi con il mondo, con una componente più ribellistica che rivoluzionaria. Poi sono nati e si sono strutturati i vari gruppetti settari con i loro capetti e ha cominciato a presentarsi davanti all'istituto gente che veniva da fuori, ad esempio dall'Università Statale. Uno di loro, nell'atrio della scuola, picchiò a freddo Alessandro Litta Modignani, un liberale (poi esponente radicale), divenuto un noto giornalista, che aveva "osato" dissentire da uno sciopero indetto dal Movimento Studentesco, quello dell'Università.

Già, la violenza. Nell'estrema destra (non parlo di Ramelli che non è mai stato coinvolto in alcun episodio) la violenza era legata alla mistica dell'azione, tipica del fascismo sin dalla sua nascita. Molto più azione che progetto politico, quel poco era fondato essenzialmente su miti e fissazioni antistoriche. E questo portava alle aggressioni immediate contro l'avversario.

Ma anche nell'altro campo c'era un'ebbrezza violenta di massa. Si facevano i cortei sperando di scontrarsi con la polizia. Nei primi anni c'era una spinta antiautoritaria, anche legata alla controcultura e al movimento hippy, ma poi ha preso il sopravvento una politica guerresca. Quasi una politica necrofila, perché non solo molti slogan erano violenti, anche in modo crudo, ma inneggiavano continuamente ai compagni caduti e ai morti da vendicare.

Nel contempo, l'avversario era semplicemente un nemico, una non-persona meritevole di castigo immediato. Lo slogan ritmato nei cortei, «10-100-1000 Ramelli», era proprio una lugubre rivendicazione di massa e scritte simili e anche peggiori comparivano sui muri di Milano.

Tornando agli assassini del giovane Ramelli, sicuramente, dopo la sua morte e per molti anni, hanno vissuto gravi crisi di coscienza, ma non si sono mai costituiti all'autorità giudiziaria. Più che timorosi del carcere erano prigionieri di una gabbia culturale-ideologica di massa. Ricordiamo che sulle loro agende del 1985 c'erano nomi di professionisti, professori universitari e magistrati noti a Milano. Uno dei responsabili dell'aggressione a Ramelli era, del resto, il fratello del segretario milanese della corrente di estrema sinistra di Magistratura Democratica. Avevano tutti fatto carriera all'interno di una sinistra strutturalmente formata da «buoni», che non poteva essere messa in difficoltà, scaricandosi la coscienza e ammettendo quello che era stato commesso.

E questo spiega anche perché, quando le indagini avevano iniziato a imboccare la pista giusta, non più quella della banda di quartiere del collettivo Casoretto, ma il servizio d'ordine di Avanguardia Operaia della facoltà di Medicina, qualche «vocina» in Tribunale aveva consigliato e me e al collega Grigo di «lasciar perdere» quel vecchio episodio.

Moltissimi in città sapevano chi fossero gli autori di quell'omicidio, ma, nel contempo, i responsabili sapevano che, rimanendo rispettosi del conformismo ideologico e culturale dell'ambiente, questo li avrebbe, come è stato, sempre protetti.

Certo, ci sono stati poi i terroristi di sinistra, ma questi, in qualche modo, si potevano allontanare come altro da sé, schegge impazzite che non facevano parte di un mondo puro, moralmente superiore, quello, spesso «chic», che non poteva essere messo in discussione.

A vent'anni si può commettere di tutto. Lo abbiamo visto non solo negli omicidi politici, ma anche nelle violenze negli stadi, in discoteca, nelle strade. Ma accanto a quelle dei colpevoli, ci sono anche le responsabilità morali. Nel caso dell'omicidio Ramelli, i professori dell'istituto Molinari, che non avevano vent'anni, hanno voltato la testa dell'altra parte. I "processi" e la persecuzione che Ramelli subiva da mesi a scuola sono avvenuti davanti agli occhi di tutti, ma nessun professore si è mosso per difenderlo. Hanno così tradito, per adesione ideologica o, forse anche peggio, per viltà, il loro compito educativo e non mi sembra che, anche dopo l'omicidio, si siano resi conto della loro responsabilità morale.

Infine, un aspetto di quegli anni sul quale non ci si è mai soffermati, cioè l'inadeguatezza delle forze dell'ordine, in particolare dell'Ufficio politico della Questura, a prevenire e fronteggiare il fenomeno delle aggressioni politiche, anche le più gravi. Polizia e carabinieri hanno infatti talvolta usato metodi sproporzionati nella repressione delle manifestazioni: penso alla morte di Saverio Saltarelli il 12 dicembre 1970, in via Larga, nel primo anniversario della strage di piazza Fontana, a quella del pensionato Giuseppe Tavecchio durante gli scontri dell'11 marzo 1972 e a quella di Roberto Franceschi il 23 gennaio 1973 davanti alla Bocconi.

Invece non sono mai riusciti a impedire e interrompere le numerose aggressioni, nemmeno nei pressi delle scuole o comunque nei punti caldi della città.

Praticamente non è mai accaduto che le squadre di aggressori fossero intercettate e fermate, e i loro componenti arrestati.

E questa incapacità, forse come un lasciare che «si picchiassero tra loro», ha contribuito a causare un diffuso senso di impunità, che certamente ha portato a episodi con conseguenze gravissime e tragiche, come la morte di Sergio Ramelli.

Ringraziamenti

Sono molte le persone che mi hanno aiutato a raccontare questa storia.

Comincio con il ringraziare coloro che mi hanno consentito di scrivere e pubblicare il libro: la responsabile saggistica della Piemme, Virginia Ponciroli, e l'editor Paolo Valentini, che mi hanno sempre sostenuto e incoraggiato, con discrezione, pazienza e professionalità.

Grazie a Pippo Iannaci, factotum della Casa della Memoria, l'associazione familiari delle vittime della strage di Brescia, presieduta dall'amico Manlio Milani, il cui archivio è sempre prezioso per recuperare importanti atti giudiziari.

A proposito di atti giudiziari, non posso non ringraziare l'avvocato Davide Steccanella, che, attraverso i suoi collaboratori, ha recuperato, su mia richiesta, molte sentenze presso l'archivio del Tribunale di Milano, che ho richiesto a un gentile e disponibile funzionario giudiziario, il dottor Alessandro Gandusio.

Grazie all'onorevole Carlo Fidanza, che, in virtù dei suoi trascorsi di consigliere comunale, mi ha fatto avere copia dei verbali delle sedute di Palazzo Marino, nei terribili giorni dell'agguato a Sergio Ramelli.

Ringrazio il dirigente scolastico del liceo Parini, Massimo Nunzio Barrella, e la professoressa Laura Suardi, che hanno recuperato e messo a disposizione tutti i verbali del collegio dei professori in relazione alla vicenda di Sergio Spagnolo.

Grazie a un altro dirigente scolastico, Davide Bonetti, preside dell'Istituto Molinari, che mi ha permesso di leggere i verbali del collegio dei docenti relativi alla vicenda di Sergio Ramelli, pur chiedendomi di non citare i cognomi dei professori.

Un sentito grazie, infine, a tutti coloro che hanno accettato di incontrarmi, di trasferirmi i loro ricordi e mettermi a parte delle loro storie. In alcuni casi non senza sofferenza e dolore. Perché certi momenti, certe situazioni, certe vicende passano, ma in realtà non passano mai.

Indice

Finito di stampare nel mese di aprile 2024
su carta holmen
con fibra vergine proveniente da foreste sostenibili holmen.com/paper
presso Grafica Veneta S.p.A.
Via Malcanton, 2 – Trebaseleghe (PD)
Printed in Italy

Certificato PEFC
Questo prodotto è realizzato con materia prima da foreste gestite in maniera sostenibile e da fonti controllate
PEFC
PEFC/18-31-226
www.pefc.it

GRAFICA VENETA
CARBON NEUTRAL

Questo libro è fabbricato da Grafica Veneta S.p.A.
con un processo di stampa e rilegatura certificato 100% carbon neutral
in accordo con PAS 2060 BSI